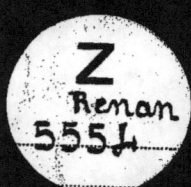

FERRET - 1971

L'HISTOIRE DES ARTS

DANS LA VILLE D'AVIGNON

PENDANT LE XIVe SIÈCLE

Essai bibliographique suivi de documents inédits

PAR

EUGÈNE MÜNTZ

MEMBRE DU COMITÉ DES TRAVAUX HISTORIQUES ET SCIENTIFIQUES

(Extrait du Bulletin archéologique du Comité des Travaux historiques)

PARIS
ERNEST LEROUX, ÉDITEUR
28, RUE BONAPARTE, 28
1888

L'HISTOIRE DES ARTS

DANS LA VILLE D'AVIGNON

ANGERS, IMPRIMERIE BURDIN ET Cie, 4, RUE GARNIER

L'HISTOIRE DES ARTS
DANS LA VILLE D'AVIGNON
PENDANT LE XIVᵉ SIÈCLE

Essai bibliographique suivi de documents inédits

PAR

EUGÈNE MÜNTZ

MEMBRE DU COMITÉ DES TRAVAUX HISTORIQUES ET SCIENTIFIQUES

PARIS
ERNEST LEROUX, ÉDITEUR
28, RUE BONAPARTE, 28

1888

LES SOURCES
DE L'HISTOIRE DES ARTS

DANS LA VILLE D'AVIGNON PENDANT LE XIVe SIÈCLE

Essai bibliographique suivi de documents inédits,
par Eugène Müntz, membre du Comité.

I

Les Sources écrites.

L'histoire des arts dans le Comtat Venaissin, assez terne pendant la première période gothique, acquiert tout à coup une importance capitale avec la translation du Saint Siège à Avignon. L'architecture, la sculpture, la peinture, les arts décoratifs, ne profitent pas seulement du luxe, fameux à juste titre, des nouveaux souverains d'Avignon, et du concours des maîtres les plus éminents, Français, Italiens, Espagnols, voire Allemands et Anglais ; ils sont également appelés, grâce au passage incessant de tout ce que l'Europe comptait alors de princes, de prélats, de grands seigneurs, de personnalités éminentes, à étendre au loin leur influence. Comme autrefois Rome, désormais Avignon donnera le ton aux entreprises artistiques de centaines de Mécènes forcés de se tenir en relations constantes avec la cour pontificale.

Cette considération m'a engagé, il y a de longues années déjà, à rechercher les divers documents de nature à éclaircir un chapitre de l'histoire des arts dans notre pays, chapitre qui est encore à écrire, et je viens demander aujourd'hui au Comité la permission de l'entretenir des recherches que je n'ai cessé de poursuivre depuis 1879.

Ce fut à cette époque qu'un architecte et décorateur éminent, M. Alexandre Denuelle, à qui les Archives de la Commission des Monuments historiques doivent un si grand nombre de reproductions de la plus scrupuleuse exactitude, me demanda de rechercher dans les Archives du Vatican, enfin accessibles aux travailleurs, les documents relatifs à l'histoire du palais des Papes. Je me mis à l'œuvre aussitôt et j'eus la joie de découvrir un immense fonds, complètement inexploré; bien plus, dont aucun savant moderne n'avait soupçonné l'existence.

Je n'entretiendrai toutefois pas aujourd'hui le Comité de ces investigations, qui portent sur un grand nombre de centaines de volumes : elles feront l'objet d'un mémoire spécial.

Il me suffira de rappeler que le recueil connu sous le titre de *Introitus et Exitus Cameræ apostolicæ* forme la source principale de l'histoire des arts à la cour d'Avignon [1].

Cette collection inappréciable ne fournit pas seulement en abondance les détails les plus nouveaux sur l'histoire de l'art à Avignon et dans le midi de la France, elle contient aussi une foule de renseignements sur les diverses constructions entreprises aux frais ou sous les auspices des papes dans le reste de la France, en Italie et ailleurs encore. C'est ainsi que le registre n° 183, de l'année 1340, nous donne le détail des dépenses effectuées à Paris, pour la construction de l'église Saint-Bernard; le registre n° 180 (1339-1341), celui des dépenses relatives à la restauration de la basilique de Saint-Pierre et d'autres églises de Rome.

Une seconde série, également très intéressante, est celle qui comprend les inventaires du Trésor apostolique.

Les principaux de ces inventaires sont, d'après le P. Ehrle, qui en a dressé la liste :

L'inventaire du mois d'avril 1314, rédigé pendant le conclave de Carpentras (Archives Secrètes du Vatican ; Instrum. Miscell. an. 1314. Copies : Cod. archiv. Avin., n° 467, autrefois LVII, t. VII).

Inventaires datant la plupart de l'année 1320 (Cod. archiv. Avin., n° 448. Expensæ Palatii apostolici, 1317, 1337). Les 41 premiers ff. sont consacrés aux dépenses de la maison pontificale de 1316 à 1318.

Inventaires de 1342, 1343 à 1348 (Cod. archiv. Avin., n° 289).

Inventaire de 1353 (Cod. archiv. Avin., n° 475).

Inventaire de 1339, 1369 (Cod. n° 468).

Inventaire de 1371, 1383 (Cod. n° 469).

Inventaire de 1411 (Cod. A. 76 des archives du chapitre de Saint-Pierre à Rome). La description des livres remplit les ff. 10 à 43.

D'importantes informations seront en outre fournies par les archives des notaires apostoliques d'Avignon, conservées avec bien des lacunes, hélas, dans les Archives du Saint Siège.

---

[1] Pour l'époque qui nous occupe, on ne trouve que peu de renseignements dans l'ouvrage de M. Wocker, *Das kirchliche Finanzwesen der Pæpste*; Nordlingen, 1878.

Une mention doit être également accordée aux *Régestes*, bien que la moisson que l'historien d'art rapporterait d'une telle recherche ne serait pas en rapport avec le travail qu'entraînerait le dépouillement de cette collection colossale, dans laquelle les bulles de Jean XXII, pour ne citer qu'un exemple, forment plus de 40,000 numéros. Parmi les bulles les plus intéressantes sont celle relative au palais pontifical (Benedicti XII reg. ann. VII, cod. n° 129, fol. 195) ; celle de la fondation de l'église Sainte-Marie à Villeneuve-les-Avignon. (Bibl. nationale, ms. latin, n° 8971, fol. 238.)

Je citerai enfin les Registres des obligations de la Chambre apostolique, le Catalogue des familiers de Clément VI, les *Diversorum*.

Le dépouillement des registres contenant la liste des officiers pontificaux, chapelains d'honneur, sergents d'armes, etc., fournira aussi des contributions importantes pour l'histoire de l'art. Je citerai le vol. 325 comme contenant la liste des familiers de Clément VI.

Un des *Régestes* de Clément VII (an. VI, part. IV, t. XXXVI), nous offre la liste des chapelains pontificaux d'Urbain V, de Grégoire XI et de Clément VII. On lit au fol. 235 : « Sequuntur nomina cappellanorum honoris factorum per dominum Urbanum papam quintum. Johannes Marchi monachus monasterii Fontisfrigidi ordinis Cisterciencis, Narbonensis diocesis. — Jacobus de Cocella de Neapoli, ordinis fratrum minorum... » (suivent 25 noms). — Fol. 236 : « Item qui sequuntur sunt de tempore domini Gregorii pape XI et de anno primo... » (113 noms). — Fol. 260 : « Sequuntur nomina cappellanorum honorum (sic) per dominum Clementem papam VII factorum de anno primo... » (71 noms). — « Sequuntur nomina cappellanorum honorum tam de tempore domini Urbani V quam domini Gregorii et domini nostri moderni Clementis VII repertorum in regesto magistri H. Bayler... » (284 noms). — Fol. 251 v° : « Sequuntur cappellani honoris. quorum littere sunt michi Pontio Beraldi commisse... » (17 noms). — Fol. 252 v° : « Cappellani honorum mei Johannis de Neapoli anni tertii... » (44 noms). — Fol. 254. « Nomina cappellanorum honorum reperta in regestris magistri Gilberti de Tadinghem domini nostri pape secretarii... » (16 noms). — Fol. 255 : « Infrascripti fuerunt recepti in cappellanos honoris dicti domini nostri Clementis pape septimi... sedis apostolice, prout constat per bullas dicti domini nostri de regestro ad cautelam apportatas... » (9 noms). — Fol. 257. « Anno domini millesimo trecentesimo LXVII et die XXVI mensis januarii pontificatus domini Urbani pape quinti fuit receptus in cappellanorum honoris (numerum) venerabilis vir dominus Bollandus Nicolai licentiatus in legibus... » (suivent 74 noms).

— 4 —

Il ne m'a pas été possible jusqu'à présent de mettre à contribution les Archives du département de Vaucluse, ni les Archives de la ville d'Avignon, qui sont sur le point d'être réunies à celles du département. Mais si j'en juge par la médiocrité des résultats qu'en ont retirés jusqu'ici les détenteurs de ces dépôts, dans leurs différentes publications (il me suffira de citer les travaux de M. Achard [1]), ce n'est point là qu'il faut chercher des éléments propres à renouveler l'histoire de l'art dans le Comtat.

Les Archives de la Commission des monuments historiques sont surtout riches en documents dessinés : fresques de Notre-Dame des Doms, de la salle du Consistoire, de la tour Saint-Jean, par M. Denuelle ; fresques de la chapelle d'Innocent VI (à la Chartreuse de Villeneuve-lès-Avignon), par M. Brune ; église d'Uzeste avec le tombeau de Clément V par M. Duphot ; la Chaise-Dieu avec le tombeau de Clément VI, par M. Bruyerre.

A côté des documents authentiques conservés dans les archives, il faut accorder une place d'honneur aux témoignages des chroniqueurs contemporains. Les vies des papes d'Avignon, recueillies pour la première fois par Baluze [2], réimprimées ensuite par Muratori, avec quelques additions [3], ne semblent jusqu'ici pas avoir été analysées méthodiquement. Il importe, avant de poursuivre notre examen, de reproduire ici ces textes précieux, trop imparfaitement utilisés jusqu'ici par les archéologues modernes. Si, au XVe siècle, les historiens de la papauté, notamment Platina, n'ont pas ajouté de détails essentiels aux récits des chroniqueurs du XIVe siècle, en revanche aux XVIe et XVIIe siècles, Panvinio [4], Ciacconio [5], Duchesne [6], Frison [7], les Bollandistes, Baluze, dans ses précieux commentaires, nous ont conservé une foule d'informations du plus vif intérêt sur les fondations laissées à Avignon, soit par les papes, soit par les cardinaux.

Je n'en dirai pas autant de l'ouvrage de Gatticus [8], qui est très pauvre en notices sur la période avignonaise (j'y citerai, t. I, p. 262,

---

[1] *Notes sur quelques anciens artistes d'Avignon*, Carpentras, 1858. M. Achard n'y cite qu'une douzaine d'artistes appartenant au XIVe siècle. Or, c'est par centaines que se chiffrent, dans les Archives du Vatican, les noms d'architectes, de sculpteurs, de peintres, de décorateurs, pour la période correspondante.

[2] *Vitæ paparum Avenionensium*; Paris, 1693.

[3] *Rerum italicarum Scriptores*, t. III, 2e partie.

[4] *Epitome pontificum romanorum*, Venise, 1557.

[5] *Vitæ et res gestæ pontificum romanorum*, édit. de 1677, 4 vol. in-fol.

[6] *Histoire de tous les cardinaux françois de naissance*, Paris, 1660.

[7] *Gallia purpurata*.

[8] *Acta selecta cæremonialia Sanctæ Romanæ Ecclesiæ*, Rome, 1753.

le récit de la visite faite à Avignon en 1412 par la reine Yolande), ainsi que de l'ouvrage bien connu du prolixe Cancellieri [1].

Un dépouillement méthodique des ouvrages historiques ou géographiques imprimés au XVIe et au XVIIe siècle fournirait certainement aussi de très utiles indications. Je n'en veux pour preuve que le *Labyrinthe royal* de Valladier et l'*Itinerarium Galliæ* de Jodocus Sincerus [2].

Le Labyrinthe royal de l'Hercule gaulois triomphant sur le sujet des faits héroïques de Henri IV représenté à l'entrée de la royne Marie de Médicis dans la cité d'Avignon, 19 novembre 1600 (par Valladier; Avignon, 1600) est un ouvrage dans lequel on ne s'attend guère à rencontrer des détails sur l'histoire du palais des Papes, et cependant Valladier y a donné un résumé très substantiel des principales vicissitudes de ce monument. Je ne crois pas que ce témoignage intéressant ait jamais été cité ; en tout cas il a été mis à contribution par Fantoni Castrucci dans son *Istoria della città d'Avignone* (Venise, 1678). Il ne me semble que plus important de reproduire ici une notice qui a été la source première de beaucoup d'autres. Je constaterai à ce sujet que, dès le temps de Valladier, les tours du palais portaient le nom sous lequel elles n'ont cessé d'être connues.

Citons encore le témoignage de l'auteur du *Voyage de France* (1673); il nous parle des grandes salles du palais qui servent à jouer à la paume ou au ballon ; il signale en outre la salle où le vice-légat entend ceux qui ont affaire à lui. Une mention est également accordée à « l'Audience de la Rote et à l'Arsenal, qui en est proche »[3].

Une publication contemporaine, le *Caducée français*, est par contre absolument nulle au point de vue archéologique [4].

Ce que je me propose plus spécialement de faire connaître aujourd'hui, ce sont celles des sources manuscrites qui se trouvent en dehors du Vatican. Ces sources se divisent en trois grands groupes : l'un conservé à Rome, notamment dans les Bibliothèques Barberini et Chigi, l'autre à la Bibliothèque nationale de Paris, le dernier à Avignon même.

[1] *Storia de' solenni Possessi de' Sommi Pontefici de'* ; Rome, 1802, p. 28-33.
[2] Voir ces deux textes à l'appendice du présent travail, §§ IV et V.
[3] De Laincel, *Avignon*, p. 318.
[4] *Le Caducée françois sur la ville d'Avignon, comté Venaissin et principauté d'Orange*, par M. Esprit Sabatier, du lieu de Oppede, advocat en la ville et cité d'Avignon. A Avignon, par George Bramereau, imprimeur de la ville, et université. M. D. C. L. XII. in-12, vi-52.

La présence, à la Barberine, de tant de documents curieux sur l'histoire d'Avignon s'explique par les relations des deux Suarès avec les neveux du pape Urbain VIII Barberini. Le fonds Suarès n'y forme pas moins de 69 volumes. Je citerai en particulier parmi eux le n° XXXVIII, 71, *Monumenta de rebus Avenionensibus*, et le n° XXXVIII, 36, *Insignia cardinalium decessorum Avenione in curia pontificia*.

Le premier de ces ouvrages, un volume non paginé, contient la description « Urbis Avenionis, — Avenio a Saracenis liberata, — Incursiones Saracenorum », des extraits de chroniques, la description des sculptures d'Apt représentant la vie de saint Eléazar. (Collectio rerum memorabilium Avenionensium a 1311 ad 1400, avec des épitaphes. — Sommaire de la recherche des mémoires d'Avignon. — Catalogus Episcoporum et Archiepiscoporum Avenionensium ab anno 70 ad 1437, etc.)

Le n° XXXVIII, 36, est destiné à servir de supplément à l'ouvrage de Ciacconio : *Vitæ et res gestæ Pontificum romanorum*, dont la première édition avait paru en 1630. Ce manuscrit, dont je possède la copie, contient, outre les armoiries des cardinaux morts à Avignon, de précieux détails sur leur vie ou sur leur sépulture. Quoiqu'il ait été utilisé par les continuateurs de Ciacconio (édition de 1677), il fournirait encore plus d'une information intéressante [1].

J'ignore pour quel motif le manuscrit, qui porte l'*incidatur* et l'*imprimatur* du maître du palais apostolique, n'a pas été livré à la publicité.

Voici la composition du volume :

« Ecussons : Cardinalis Roberti Guib. — Brancassiorum in ecclesia Fratrum Prædicatorum Avenione. — Simonis de Laugham, eadamque cardinalis Andoini seu Andruini de Roca. — N. N. in dicta ecclesia Fratrum Prædicatorum. — Johannis de Blandiaco ex tabula picta in ecclesia S. Desiderii Avenesia. — N. N. in ecclesia S. Catherinæ Avenione. — Arnaldi et Jacobi de Via nepotum ex sorore Joannis XXII. — N. N. in sacello ecclesiæ patrum Franciscanorum. — Cardinalis Joannis de Grangia. — Petri de Corsinis. — Cardinalis Petri Blavi. — N. N.

Je citerai encore, dans le volume XXXVIII, n° 42, ff. 1 et 2, des dessins d'Avignon, etc. ; dans le XXXIII, n° 71, des notes et des extraits dont l'analyse serait trop étendue.

---

[1] La *Descriptiuncula Avenionis et Comitatus Venascini* (Lyon, 1658, in-4, 19 pages), de J. M. Suarès, ne contient que quelques lignes insignifiantes sur Avignon et moins encore sur le palais.

Le XXXVIII, 100, contient, au commencement, le dessin de la fontaine de Vaucluse avec cette inscription :

FONTI NUMEN INEST ; HOSPES VENERARE LIQUOREM
UNDE BIBENS CECINIT DIGNA PETRARCA DEIS.

Puis la vue de la maison de Pétrarque à Vaucluse ; Sorgue ; l'Isle ; des vers et épigrammes sur la maison de Pétrarque, l'épitaphe de Laure, etc.

Un autre manuscrit de Suarez, le XXXIX, 73, contient la liste des manuscrits conservés à la Chartreuse de Villeneuve, vers 1610. Le R. P. Ehrle, qui a rapproché cette liste de celle insérée dans l'inventaire rédigé du temps d'Innocent VI [Archiv. Avin., n° 475, ff. 41, 42], constate que beaucoup de manuscrits primitifs se trouvaient encore à leur poste au début du XVIIe siècle [1].

C'est également à un Suarez, à Henri (mort vers 1669), que sont dus les importants recueils conservés au Cabinet des manuscrits, à la Bibliothèque nationale. Parmi ceux de ces manuscrits qui concernent Avignon, je citerai, d'après l'*Inventaire des Manuscrits latins*, de M. Delisle, le n° 897, *Avenio christiana* ; le n° 8972, *Avenionis historia ecclesiastica ab anno 1367 ad annum 1640* ; le n° 8973, *Avenionis historia politica* ; le n° 8974, *Avenionensium paparum historia* ; le n° 8975, *Avenionensis schismatis historia*.

Le manuscrit n° 8973, du fonds latin, est surtout consacré à la période antérieure aux papes, et le n° 8972 à la période postérieure ; par contre le n° 8971 renferme en abondance des notices intéressantes. C'est un in-folio de 263 feuillets (moins les ff. 12-14 omis dans la pagination).

Le n° 8974 se compose surtout d'extraits d'ouvrages imprimés : Platina, Ciacconio, Duchesne, etc.

Les souvenirs des papes du XIVe siècle ont trop fait oublier ceux des papes du XVIe et du XVIIe siècle. L'intérêt d'un manuscrit que j'ai découvert, il y a une dizaine d'années, dans la bibliothèque Chigi, à Rome, consiste précisément dans les détails qu'il nous fournit sur les traces de magnificence laissés au palais par les représentants des souverains pontifes du XVIe et du XVIIe siècle. Ce manuscrit, dont la rédaction est postérieure à l'année 1664 et antérieure à l'année 1667, date de la mort d'Alexandre VII, qui y est mentionné comme vivant, est consacré à la description des armoiries et inscriptions des papes

---

[1] *Archiv für Literatur und Kirchengeschichte*, t. I, 1885, p. 11.

existant à Avignon. L'idée de s'occuper d'Avignon au point de vue des écussons pontificaux et cardinalices sculptés ou peints dans la ville peut paraître bizarre, et j'avoue que lorsque je vis pour la première fois le manuscrit de la bibliothèque Chigi, je ne lui accordai que peu d'attention, mais en réfléchissant que les armoiries sont des signatures, que dans les monuments elles tiennent lieu d'inscriptions, je ne tardai pas à reconnaître toute l'utilité de ce relevé.

Le travail débute par la description des armoiries sculptées sur les murailles de la ville. Cette partie n'offre qu'un intérêt relatif, beaucoup d'écussons existant encore. Néanmoins, eu égard à sa brièveté, je la reproduirai ci-après.

Nous entrons ensuite dans la cour d'honneur du palais. L'auteur nous montre la façade du fond ornée sous chaque fenêtre de fresques imitant des tentures, et sur chacune de ces tentures, dont les extrémités sont maintenues par des enfants ailés, les armoiries d'un pape en compagnie de beaucoup d'autres. Plusieurs des fresques, exposées aux intempéries, étaient déjà fort endommagées à cette époque.

Plus loin, il est question d'une tour construite par Clément VII, sur celui des côtés du palais qui est exposé au sud.

La chapelle haute est décrite comme privée de tous ornements, soit de peinture, soit de sculpture. (Voy. l'Appendice, § VII.)

A la bibliothèque d'Avignon, dirigée avec tant de zèle et de compétence par M. Deloye, je citerai principalement, comme m'ayant fourni quelques détails utiles, les histoires générales d'Avignon, rédigées au siècle dernier ou au commencement de celui-ci, alors que tant de monuments, aujourd'hui détruits, étaient encore debout : de ce nombre sont les manuscrits de Teissier, le « Journal historique et recherches pour servir à l'histoire d'Avignon, tirés de plusieurs auteurs latins, italiens et français et de quantité de manuscrits depuis l'année 1177 jusques et inclus celle de 1740, par M. J. L. (J. Laurent, Drapier, docteur en droit), » deux volumes petit in-folio, t. I (681 pages), 1177-1648 ; t. II, 1648-1756 ; les Mémoires de Fransoy (1818).

Je me hâte d'ajouter que ces auteurs, n'ayant pas à leur disposition les Archives du Vatican, ont dû se contenter d'informations très générales. Si du moins ils avaient pris la peine de décrire le palais des Papes, tel qu'il était de leur temps ! Mais c'est là un travail dont ils n'ont même pas soupçonné l'utilité. Aussi connaissons-nous peut-être mieux l'état du monument au xive siècle qu'au xviiie !

Je ne fais qu'indiquer ici pour mémoire divers manuscrits du fonds de Massilian et du fonds de Chambaud : on en trouvera le détail dans les passages où je les ai utilisés [1].

Le recueil du chanoine Deveras, quoique souvent consulté, peut rendre encore bien des services. Il se compose de deux manuscrits différents : A. « Recueil des Inscriptions, et Epitaphes qui se lisent dans les églises, chapelles, cloîtres de la ville d'Avignon, fait en 1729 par J. R. D. P. et chanoine de Saint-Pierre d'Avignon. Cette copie a été faite par le R. P. Pierre Vani, religieux célestin, et le chànoine Deveras a recueilli toutes ces épitaphes et inscriptions « ne temporum injuria memoria eorum cum fabrica ecclesiarum intercidat. » Petit in-fol., 180 pages écrites.

B. « Recueil des épitaphes et inscriptions qui sont dans les églises d'Avignon, par Jean Raymond Deveras, 1750 († 1785) ». Edition plus complète, 476 pages paginées. Des copies de ce recueil se trouvent dans le manuscrit 17ᵉ du fonds Chambaud.

II

Les plans ou vues du Palais des Papes.

Si le palais des papes a conservé, dans ses lignes générales, la disposition qu'il avait au XIVᵉ siècle, en revanche il n'est guère un seul de ses corps de bâtiment qui n'ait été gravement altéré, pour ne point parler de ceux qui ont disparu. Mon premier soin, après avoir recueilli à Rome les documents qui permettent de suivre pas à pas la marche de la construction, a donc été de rechercher les plans ou vues qui nous rendent avec plus ou moins de précision la physionomie ancienne du monument.

I. Le plus ancien de ces documents graphiques est la vue du palais faisant partie du retable de Saint-Maximin, exécuté entre 1517 et 1520, par un peintre de Venise, Antoine Ronzin, probablement d'origine flamande. Cette vue occupe le fond de la scène représentant le *Christ*

---

[1] Il faut toujours consulter avec défiance ces notices souvent singulièrement sujettes à caution. C'est ainsi qu'un manuscrit du fonds de Massilian nous promet le plan de l'église métropolitaine d'Avignon en 1688, avec « les lieux et les sépultures de toutes les familles qui y ont droit. » Mais l'auteur, tout entier aux revendications des familles contemporaines, n'a oublié qu'une chose : de nous parler des sépultures des papes et des cardinaux (fol. 226).

devant Pilate [1]. Elle nous fournit plusieurs indications intéressantes : la tour de la Campane y est surmontée d'une toiture triangulaire ; un mur élevé, mais non crénelé, relie cette tour à la Métropole ; la tour de la Gâche, qui domine toute la façade du palais, y est encore munie de ses créneaux. Un mur tout simple et assez bas, s'étend en avant de la porte d'entrée.

Le musée Calvet possède un dessin exécuté par M. Aubanel d'après le tableau de saint Maximin. Ce dessin est exposé dans l'escalier du musée.

II. La vue d'Avignon insérée dans les *Civitates orbis terrarum* de Braun et Hohenberg (Cologne, 1575, livre II, pl. 13), ne contient qu'un croquis très sommaire et très inexact du palais : seules, la tour de Trouillas et la tour de la Campane y sont nettement caractérisées. (Par contre, la vue du rocher de Notre-Dame des Doms, avec ses moulins à vent, la vue du petit palais — le séminaire — et de l'entrée du pont y sont fort satisfaisantes.)

III. J'en dirai autant de la vue d'Avignon, gravée sur bois, insérée dans la *Cosmographie* de Sébastien Münster ; édition Belleforest, Paris, 1575, 3 vol. in-folio : « le vray pourtraict de la ville d'Avignon ». Le palais y est à peine reconnaissable.

IV. « La légende de saint Benoit (Bénezet). Mathias Greuter sculpsit 1603. » Le bas de cette gravure contient, en deux médaillons, deux plans ou vues d'Avignon, dont l'un, « Avignon, comme elle est à présent, 1603 » nous montre la façade du palais, reproduite avec beaucoup de fidélité, mais malheureusement en dimensions microscopiques. — Musée Calvet. — Bibliothèque nationale ; Cabinet des Estampes. Voir aussi l'*Avenio christiana* de H. de Suarès, à la Bibliothèque nationale, fonds latin, n° 8971, fol. 4.

V. 1617. Vues d'Avignon, par Etienne Martellange. Dessins. Le palais représenté de face avec beaucoup d'exactitude, mais sans aucune particularité digne d'être notée. — Cabinet des Estampes.

VI. Le plan le plus important de l'ancienne ville est la gravure en huit feuilles conservée au Cabinet des Estampes : *Civitatis Avenionis omniumque viarum et ædificiorum ejus perfecta delineatio hoc anno MDCXVIII. — Illustrissimo ac Reverend^{mo} D. D. Jo. Franc° ex co. Guidiis a Balneo Archiepis° Patracensi et vice leg^{to} Avenionen. grati animi pignus D. C. Odoricus Aloysius Septempedanus Picenus.*

Notre gravure (pl. II) reproduit un fragment de ce document monumental, qui se distingue par sa précision et qu'il y aurait grand inté-

---

[1] Publié par MM. Rostan : *Iconographie de l'église de Saint-Maximin (Var); le retable du Crucifix*. Paris, Plon, 1886, in-fol., pl. VII.

rêt à publier intégralement pour la connaissance de la topographie de l'ancien Avignon.

VII. *Civitatis Avenionis omnimq.(sic) viarum et ædificiorum ejus perfecta delineatio. 1635. M. Merian fecit.* Ce plan fait partie de l'ouvrage bien connu de Merian, la *Topographie;* il présente la plus grande analogie avec le plan désigné ci-après (VIII).

VIII. *Avignon.* Gravure sur cuivre, en ma possession. Largeur, 0m52; hauteur, 0m40. Légende en français. Cette gravure, comme il vient d'être dit, se rattache intimement à celle de Merian. Si le pont du Rhône y est intact — sur la gravure de Merian, plusieurs arches se sont écroulées — et si la numérotation des légendes diffère, en revanche les moindres accessoires, bateaux sur le Rhône, arbres dans l'île de la Barthelasse, sont littéralement reproduits. « *La Sorgue ri*(vière), lit-on sur un des bras du Rhône; » la *Sorgue R* sur l'autre. Cette mention est devenue sur le plan de Merian, *la Sorguer;* ce qui, d'après la judicieuse observation de mon savant confrère en archéologie, M. Digonnet d'Avignon, tendrait à prouver que Merian a copié, sans toujours le comprendre, le plan anonyme n° VIII.

Le palais est représenté sur les deux plans avec beaucoup d'exactitude. Aussi ai-je cru utile de faire reproduire (pl. III) la partie correspondante du plan n° VIII.

IX. Les gravures de Silvestre. Elles sont trop connues pour qu'il soit nécessaire de les décrire ici.

X. Un dessin de la collection de M. Albert Lenoir, membre de l'Institut, dessin que j'ai publié dans l'*Ami des Monuments* (1887, 1re livraison), contient également quelques indications précieuses sur la façade du palais. Ce dessin, antérieur à la construction de la barbacane (1664), représente comme intact le mur, ou peut-être la maison d'habitation qui relie la tour de la Campane à Notre-Dame-des-Doms. Devant la porte d'honneur, s'élève une sorte de poterne sur colonnes à fronton triangulaire. La tour de la Gâche y domine toutes les autres tours.

Une mention spéciale doit être accordée ici à un album donné à la bibliothèque d'Avignon par le marquis de Laincel, en 1851. Cet album, composé d'environ 250 dessins (à la plume avec des lavis de sépia), dont deux portent la date 1671 et un autre celle de 1788, appartient dans son ensemble à la seconde moitié du XVIIe siècle.

Diverses vues du palais des Papes, 1-6. Voy. ci-après.
Petit palais, 7-8.
Sainte-Anne d'Avignon, 9-9 *bis*.
Roque-des-Doms et abbaye de Saint-Martin, 10-14.
Saint-Ruf, 14 *bis*.
Fort Saint-André de Villeneuve, 16.
Grands Carmes d'Avignon. Vue de la tour Saint-Jean-le-Vieux, 17.
Église des Grands-Augustins, 17 *bis*.
Église Saint-Didier, 18 *bis*.
Église des Cordeliers, 19.
Couvent de Sainte-Catherine, 19 *bis*.
Couvent des Frères-Prêcheurs, 20.
Récolets, 20 *bis*-21.
Couvent des capucins d'Avignon, 24 *bis*.
Porte Saint-Lazare, 25.
Château de la Barthelasse, 26-27.
La tour et le pont d'Avignon, près de l'ile de la Barthelasse, 26 *bis*.
Montaut, 28-28 *bis*.
Tours de Villeneuve (prises de divers côtés), 30-32.
Fort Saint-André, 34-36.
Saint-Ruf, 39-41.
Saint-Véran, 42-46.
Église et couvent de Montfavet
Château d'Aubaroux, 117.
Château, tours, portes de Pernes, 118-123 *bis*.
Vue de Baucet (1671), 125-126.
Pernes vu du côté de Saint-Gilles, 127.
Vue du château de Caromb, 128-31.
Château de Touzon ou Tozon, 131-33.

(au verso : église de Villeneuve), 47 à 49-49 *bis*.
Chartreuse de Bon-Pas, 50.
Château de Sorgues, 51 à 53. Un de ces dessins a été reproduit par M. Faucon, *Mélanges de l'École de Rome*, 1884 ; un autre dans l'*Ami des Monuments*, de 1887.
Châteauneuf-des-Papes, 54.
Châteauneuf-de-Gadagne, 55.
Château de Vedène, 56-59.
Le Thor, 61.
Porte de l'Isle, 62.
Vaucluse, 63-64.
Cavaillon (château, église, tours), 66-68.
Château d'Orgon, près Cavaillon, 68 *bis*, 69.
Valréas, 70 *bis*.
Château de Barbantane, 71-74.
Château-Renard, 75 et v°.
Carpentras (murs, portes, tours, hôpital des pestiférés, église des Capucins, des Frères-Prêcheurs), 76-83.
Monteux, 83 *bis*, 84.
Château de Lauriol, 85-8 *bis*.
Vue de Saint-Didier (1671), 96.
Châteauneuf-des-Vignes, 98-98 *bis*.
Vues de Mazan, 107 à 116 *bis*.
Château d'Orange, 134-135.
Vue de Mornas, 137-38.
Château de Serignan, 139.
Château de Gigondas, 140.
Entraigues, 141-142.
Château de Bédarrides, 143.
Château de Biou, 144.
Vaison, 150.

Puis une série de vues d'Italie, de Lyon, etc. Une vue du pays « de Loccho », où saint François reçut les stigmates. Une architecture attribuée au Poussin, une aquarelle, étude du grand Vernet, et une série de dessins sans titres ni indications quelconques [1].

Les vues se rapportant au Palais des Papes, dans l'album donné par M. de Laincel, méritent une description plus étendue.

XI. Fol. 4. La tour de Trouillas y est représentée avec ses deux étages de créneaux. Par contre, la tour de la Gâche y a perdu les siens.

XII. Fol. 5 (n° 2). Le palais vu par derrière. La cour actuelle du gymnase y est traversée par des bâtiments. La courtine qui forme l'enceinte intérieure de la cour y est parfaitement visible.

XIII. Fol. 7 (n° 3). Dans ce dessin, pris du même côté que le précédent, on voit très distinctement une galerie allant du corps de bâtiment avoisinant la tour des Anges à l'extrémité de la cour du gymnase. (Voir notre pl. IV.)

XIV. Fol. 9 (n° 4). Vue prise du même côté. La tour de Trouillas s'y distingue par son double couronnement et par deux contreforts donnant sur la cour de la manutention, l'un à droite, l'autre au milieu.

XV. (Fol. 11 n° 5). Vue prise du même côté. En avant de la tour des Anges, se trouve une autre tour avec de hautes fenêtres à lancettes. Une de ces fenêtres existe encore sur la place de la Mirande. Plus bas, vers le Rhône, des arbres.

XVI. Blaeu, *Theatrum civitatum et admirandorum Italiæ*; Amsterdam, 1663 : Vue d'Avignon, reproduite dans le *Nouveau Théâtre d'Italie*, Amsterdam, 1704, et dans *Het nieuw Stede Boek van Italie*, 2° partie, Amsterdam, 1704, pl. LXXI. Vue assez confuse; on reconnaît toutefois la tour Saint-Laurent, avec ses créneaux, la tour des Anges, et la façade de la salle du Ballon. Deux arches manquent au pont du Rhône, dans la partie située entre l'île de la Barthelasse et Villeneuve.

XVII. Un dessin, exposé dans l'escalier du Musée Calvet, nous fait connaître une nouvelle étape dans la dégradation du palais. Le sommet de la tour de Trouillas y est déjà ruiné. Par contre, sur le devant, on aperçoit à la fois la barbacane, élevée par Alexandre Colonna en 1664, et les deux tourelles détruites depuis. A gauche de la tour de Trouillas et de Notre-Dame-des-Doms, se dresse une tour crénelée avec des tourelles aux angles.

[1] D'après les notes fournies par M. André Michel et par M. G. Bayle.

XVIII. Un grand dessin lavé, exécuté par un chartreux (Bibliothèque d'Avignon), représente le palais tel qu'il était vers le milieu du siècle dernier. Les tours sont encore munies de leurs créneaux; par contre, les arcades sont figurées comme voûtées en plein cintre, au lieu de l'être en ogive.

XIX. Peinture à l'huile, exécutée par Gordot en 1774 et représentant l'entrée du vice-légat (salle de lecture de la bibliothèque d'Avignon, n° 124). La façade du palais y est figurée avec beaucoup de précision. On compte douze arcades depuis l'angle septentrional jusques et y compris les deux arcades de la salle du Consistoire. Tout le devant est crénelé, y compris la tour de la Gâche. Les deux tourelles à droite et à gauche de la porte principale existent encore. A gauche de la porte d'entrée, au premier étage, on remarque une belle fenêtre ogivale.

XX. La peinture n° 223, par Raspay (né en 1748, mort en 1825), est beaucoup moins importante. Je me bornerai à y signaler les deux contreforts-mâchicoulis de la tour de la Gâche, qui ont été dénaturés depuis.

Divers dessins ou gravures du XVIIIe siècle se voient en outre, soit dans l'inappréciable recueil topographique du Cabinet des Estampes, à la Bibliothèque nationale, soit à la bibliothèque d'Avignon. Comme ils n'offrent pas d'intérêt particulier, il n'en sera point fait mention ici.

XXI. « Le plan, rez-de-chaussée, du Palais des Papes, dressé par le capitaine du génie Pontjary, le 21 fructidor an IX », publié dans *Une Visite au Palais des Papes* (Paris, sans date), et dans les *Mélanges d'archéologie et d'histoire de l'École française de Rome*, 1884, pl. II), n'apprend rien de particulier sur la configuration du Palais à cette époque.

XXII. Un album de la bibliothèque d'Avignon, provenant de la collection d'Artaud, contient au fol. 8 deux cheminées du château des Papes à Avignon (décembre MDCCCIX); une de ces cheminées a encore son couronnement à lobes ogivaux.

XXIII. Les plans plus récents, dressés par les soins du génie militaire, offrent un intérêt tout particulier, quoiqu'ils ne datent que de notre siècle. Je citerai tout particulièrement le plan de 1821 : la chapelle de Benoît XII y est appelée Petite-Cour des prisons; le consistoire « ancien arsenal des papes ». Sur la cour d'honneur, dans l'angle, entre le palais du Consistoire et la tour des Anges, est figurée une sorte de poterne (démolie depuis) avançant sur la cour en triangle. Les cuisines sont installées dans la salle du Ballon et la salle Brûlée. Sur la cour du Gymnase, du côté de la place de la Mirande, en face de l'escalier qui conduit de la cour d'honneur dans la cour du Gymnase, on aperçoit un vaste bâtiment rectangulaire, voûté, s'appuyant contre la courtine qui coupait la cour en deux ; ce bâtiment, depuis longtemps démoli, et dont le plan du génie ne nous fait connaître que le géométral, correspond à la galerie qui reliait le palais à la courtine dépendant de la cour actuellement appelée cour du Gymnase [1].

XXIV. Un dessin exécuté par C. Bourgeois en 1818, et lithographié par les soins du comte de Lasteyrie, sous le titre de *Vûe de l'ancien Palais des Papes à Avignon, département de Vaucluse*, nous montre la façade avant les remaniements entrepris par le génie ; il nous apprend que l'extérieur de la tour de la Gâche surtout a été profondément altéré.

XXV. Un joli dessin de la façade, signé T. T. (Turpin de Crissé), et daté de 1818, se trouve dans la collection de M. Henri Revoil, à Nimes. Peu de différences avec l'état actuel ; les deux tourelles n'y existent plus.

XXVI. Un plan manuscrit (1839), exposé dans la salle de lecture de la Bibliothèque d'Avignon, n'apporte aucun détail essentiel. Nous y voyons que la chapelle de Benoit XII servait à ce moment de préau aux femmes prisonnières, le cloître aux prisonniers mâles.

XXVII. Le plan (en quatre feuilles), dressé par Viollet le Duc, et conservé dans les Archives de la Commission des Monuments historiques, forme, non pas le relevé du Palais des Papes, mais le projet de restitution imaginé par l'éminent auteur du *Dictionnaire raisonné d'Architecture*. Ce plan a été publié dans les *Archives de la Commission des Monuments historiques*, avec un commentaire intéressant. Par contre, le plan du rez-de-chaussée et le plan du premier étage (état actuel), insérés dans le *Dictionnaire d'Architecture*, du même auteur (t. VII, p. 30, 32), se distinguent par leur extrême clarté.

XXVIII et XXIX. Parmi les plans publiés dans notre siècle, je citerai encore le plan, de petite dimension et fort insuffisant, de Frary (*Monuments de l'ancien Comtat Venaissin;* Paris, s. d., p. 58), et celui de M. Courtet (*Revue archéologique*, t. XI, 1854).

Gaignières, dans son inappréciable recueil de dessins, conservé en partie au Cabinet des Estampes de Paris, en partie à la Bibliothèque Bodléienne d'Oxford, ne s'est malheureusement pas occupé du Comtat Venaissin.

---

[1] Ces dessins m'ont été obligeamment communiqués par M. le commandant Louis Nègre, chef du génie à Avignon.

Aussi est-ce aux collections les plus diverses qu'il nous faut recourir pour trouver quelques croquis des innombrables œuvres d'art du xiv° siècle qui s'étaient conservées à Avignon jusque vers la fin du siècle dernier.

François Duchesne, dont l'*Histoire de tous les cardinaux françois de naissance* parut à Paris en 1660, a fait graver, d'après les statues tombales d'Avignon, un grand nombre de bustes de cardinaux de la période avignonaise. Ces gravures, malheureusement, se distinguent par le manque absolu de fidélité qui caractérise les productions du xvii° siècle. J'en dirai autant des reproductions des tombeaux de papes, si utiles néanmoins, publiées par les Bollandistes dans le *Propylæum ad Acta sanctorum maii* (1685).

Un manuscrit de la bibliothèque Barberini nous a conservé le dessin du mausolée du cardinal de Lagrange; un autre de la Bibliothèque nationale (Fonds latin, n° 11907), celui du cardinal d'Aigrefeuille.

APPENDICE

I
Guillaume d'Avignon, architecte d'un pont sur l'Elbe en 1333.

Il y a quelques années, dans un compte rendu publié par le *Répertoire des travaux historiques* (1883, t. III, n° 1232), j'ai eu l'occasion d'appeler l'attention sur cet artiste originaire d'Avignon. Je me demandais alors si Guillaume d'Avignon n'était pas identique à Guillaume de Cucuron, l'architecte de Jean XXII. Cette question doit être aujourd'hui résolue dans le sens négatif : Guillaume de Cucuron, en effet, était déjà mort en 1323.

Quoi qu'il en soit, il ne sera pas sans utilité de reproduire ici le passage même de la Chronique de François de Prague où il décrit l'œuvre entreprise et menée à bonne fin par le « pontifex » avignonais :

« Unde ipse (Joannes episcopus Pragensis) videns multa in Albea flumine pericula et hominibus, et maxime pauperibus evenire dampna et incommoda, misericordia motus ibidem in Rudnitz pontem fieri disposuit ultra flumen. Et quia magistros ad tale opus peritos in regno Boemia nec in vicinis provinciis potuit reperire, unde misit ad curiam Romanam pro magistro Guilhelmo, optime in hujusmodi arte perito, cum quo dominus episcopus, cum adhuc ibidem stetisset, de hac materia fuerat locutus, cui promisit ad regnum Boemiæ ad suam instantiam se transferre. Unde visis nunciis et literis domini episcopi, assumptis tribus sociis, mox sine omni dilatione ad ipsum est profectus. Et anno Domini

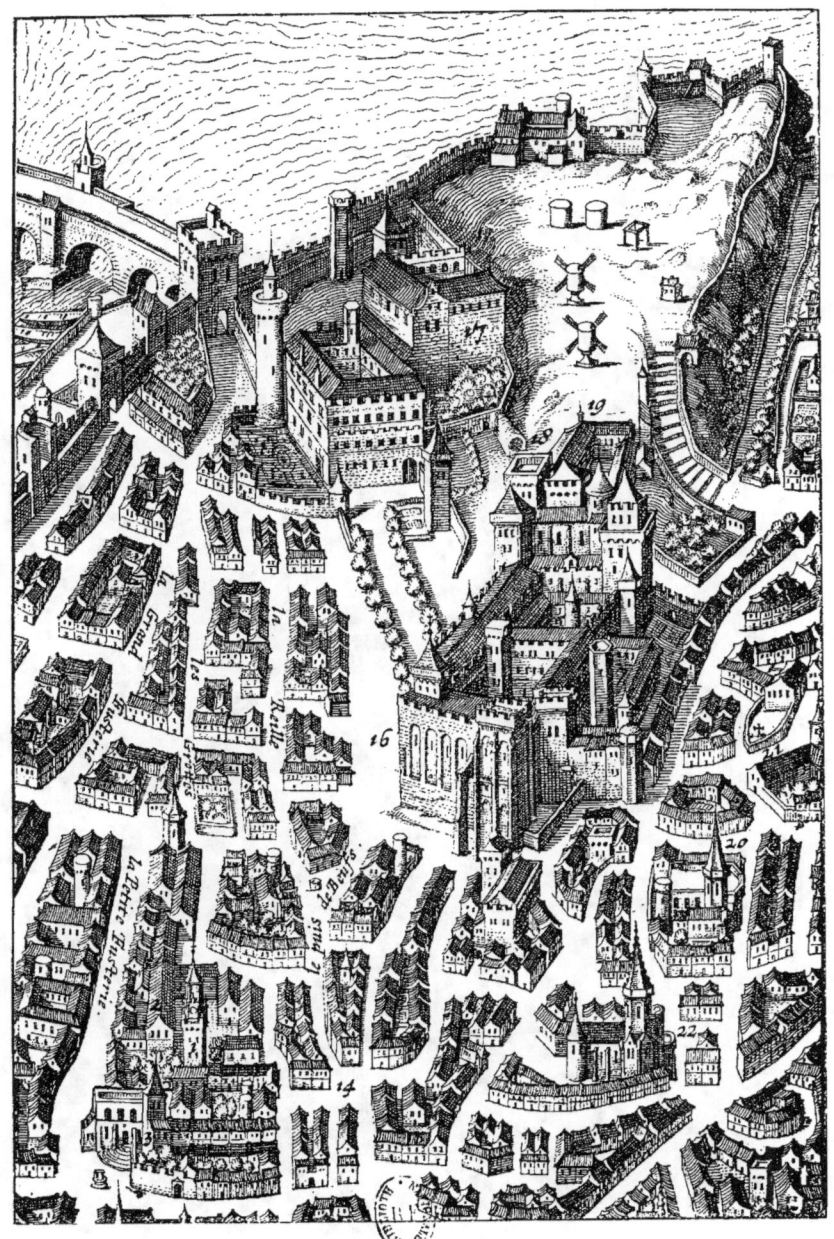

Le Palais des Papes

D'après une gravure de la première moitié du XVIIᵉ siècle.

(Collection de M. E. Müntz.)

MCCCXXXIII, anno vero ordinationis ejusdem domini Episcopi XXXII, in festo sancti Bartholomæi apostoli, cum reliquiis sanctorum et magna devotione ac solemnitate in medio fluminis Albeæ pro fundamento optatos et magnos lapides posuerunt. Præfatus quoque magister cum suis complicibus duos pilares et unam testudinem perfecerunt. Et anno sequenti una cum suis copiose a domino Episcopo remuneratus et honoratus ad propriam patriam est reversus. » (Franciscus Pragensis, apud Dlabacz, *Allgemeines historisches Künstler-Lexikon für Bœhmen*, pp. 516, 517.)

II

Régestes de la construction du Palais d'Avignon et des principales autres fondations pontificales contemporaines.

Les *Vies des Papes* publiées par Baluze forment la base de l'histoire du Palais d'Avignon ainsi que des nombreuses fondations contemporaines. Néanmoins, aucun des historiens du Palais n'a pris la peine jusqu'ici de les dépouiller à ce point de vue. Il m'a paru utile de combler cette lacune en classant chronologiquement ces extraits et en les complétant, à l'occasion, par des documents tirés des Archives vaticanes.

Benoit XII

Le Palais d'Avignon.

« Hic primus cœpit construere palatium apostolicum Avinione in loco ubi solebat esse palatium episcopale, in quo Dominus Johannes residere consuevit. » (Baluze, *Vitæ Paparum Avenionensium*, t. I, p. 235-236. Répété dans une autre biographie publiée par Muratori, *Rerum Italicarum Scriptores*, t. III, IIe partie, p. 547.)

« Tandem anno Domini MCCCXLII, in die sancti Marci Evangelistæ Avinione in palatio quod construi fecerat ad Christum migravit, de cujus morte tota curia ac christianitas condoluit; sepultusque est in Ecclesia cathedrali Avinionensi. » (Baluze, t. I, p. 235-236.)

« Item Dominus Papa fieri fecit totum magnum palatium ubi ipse residentiam faciebat Avinioni cum turribus circumcirca atque viridario bene fabricatis cum veronibus circumcirca. » (Baluze, t. I, p. 236.)

« Incepitque ibi a solo ædificare palatium in loco ubi tunc erat domus episcopalis, et tandem hujusmodi ædificium quasi quandiu vixit continuavit, in tantum quod suo tempore et per ejus ministerium factum est dictum palatium valde solemne miræque pulchritudinis in mansionibus et immensæ fortitudinis in muris et turribus, prout hodie luculenter apparet. Demum pro tempore ordinavit quod Episcopus Avinionensis haberet pro mansione sua ac in recompensam alterius in cujus loco et solo dictum palatium erat ædificatum domum quæ nunc episcopalis appellatur, quæ est valde notabilis et solemnis. » (Baluze, t. I, p. 199-200.)

2

« Ecclesiæ fluenti thesauro frena dedit : sed illa diu tenere non potuit, quia domus quam ædificare desiderat magna est. Episcopale namque Palatium Avinionense prædictum, per modum permutationis cum Avinionensi Episcopo celebratæ, ad sacrosanctam Romanam Ecclesiam applicatum a fundamentis instituit, et illud mirabiliter ampliavit, magnum in illo thesaurum expendens. » (Baluze, t. I, p. 215.)

« A tempore autem suæ creationis (MCCCXXXIV), videlicet Benedicti Papæ XII usque ad annum septimum completum, præter præmissa nihil dignum relatione fecit, nisi quod Capellam sui Palatii ampliavit, et quod Turrim magnam conjunctam suo Palatio construxit, et quasi perfecit : quæ etiam ad sui similitudinem magna et quadrata existit. » (Baluze, t. I, p. 226.)

« Fuitque idem Rex (le roi d'Aragon) honorifice receptus per dictum Papam, licet die introitus sui in curia magnum incendium fuerit in coquina ubi parabantur cibaria pro prandio dictorum Papæ, Regis, et Cardinalium, prout est fieri consuetum. » (Baluze, t. I, p. 204.)

« Tempore etiam istius Papæ, Alfonsus Rex Castellæ condicto prælio contra Regem Marrochiæ Saracenum et infidelem triumphavit, et in signum victoriæ vexillum seu banderiam dicti Regis una cum sua eidem Papæ misit; quæ usque ad longa tempora in Capella Papali appensæ permanserunt [1]. » (Baluze, t. I, p. 204. Cf. p. 228.)

« Tandem anno Domini MCCCXLII in die Sancti Marci Evangelistæ Avenione in Palatio, quod construi fecerat, ad Christum migravit. De cujus morte tota Curia, et Christianitas condoluit; sepultusque est in Ecclesia Cathedrali Avenionensi. » (Baluze, t. I, p. 220 ; cf. p. 235-236.)

1335. 14 décembre. « Facto computo cum magistro Petro Peyssonis de Mirapisce, magistro operum domini nostri pape de operibus factis in mense novembri proxime preteriti, tam incapella quam turri, quas dominus noster papa facit construi in hospicio apostolico Avinionensi, tam in lapidibus, calce, arena, plumbo, ... coloribus, picturis, salario magistrorum qui faciunt ipsas picturas et salario magistrorum lapicidarum, fusteriorum et manobrariorum et quibusdam aliis minutis et receptis per libros rationum dicti magistri Petri, quod expenderat in dicto mense pro operibus dicte capelle, vii^c xviii lb. x s. x d. c. ix fl. auri. Et pro operibus dicte turris, viii^c x lb. xvii s. iii d. ob. c. xviii fl. auri... » (Archives secrètes du Vatican, vol. 146, fol. 106 v°.)

1336. 7 janvier. « Facto computo cum magistro Petro Piscis de operibus factis in mense decembris... » (Dépenses analogues à celles du précédent paragraphe), en tout xx fl. viii^c xcviii lb. xvii s. iii. d., etc.

» 10 février. « Facto computo cum magistro Petro Piscis magistro operum domini nostri pape de operibus factis in mense januarii proxime preteriti in turre et capella que edificatur in hospicio papali Avinionensi,

---

[1] Voy. aussi *Une ambassade à la cour pontificale*, Avignon, 1883, p. 12.

... pro operibus dicte turris. LXIII fl. VII^c x lb. XVI s. XI d. c. Et pro operibus dicte capelle III fl. v^c XXXVII lb. III s. I d. c. » (Vol. 149, fol. 103.)

» 2 mars. Au même, pour le même ouvrage : MVIII^c VII lb. IIII s. I d. ob. c. LXXXV fl. « auri cum dimidio. »

» 16 avril. Au même : MV^c XX lb. XVIII s. c. LIX fl. « cum dimidio. »

» 31 mai. Au même : « Pro operibus capelle, IIII^c XXXII lb. VIII s. ob. c. VI fl. auri et pro operibus dicte turris, MVI^c x lb. XIX s. IIII d. ob. c. XX fl. auri et pro operibus muri viridarii, CLXXXVII lb. XIIII s. x d. c. »

» 22 juin. Au même, pour le même ouvrage : « MIII^c x lb. XV s. IIII d. c. IIII fl. cum dimidio. »

» 12 juillet. Au même : « MIII^c LXXXVI lb. VII s. c. XX fl. auri. »

» 25 août. Au même : « MVI^c XII lb. XVI s. VIII d. c. IIII fl. auri. »

» 9 septembre. Au même : « MVI^c XCIII lb. XVI s. IX d. c. v fl. auri. »

» 15 octobre. Au même : « II^m XVI lb. XVIII s. v d. c. »

» 19 novembre. Au même : « II^m CXVI lb. VI s. VI d. c. XLVII fl. cum dimidio. »

» 18 décembre. Au même : « Pro vitreis et ferramentis capelle, XLIII lb. VIII s. VIII d. c. Et pro operibus dicte turris et camere sibi contigue, MCIIII lb. XI s. VIII d. c. XVI fl. auri. Et pro muro dicti viridarii, v^c IX lb. x s. x d. ob. c. » (Vol. 149, fol. 105 v°.)

1337. 4 février. Au même : « Pro operibus in capella et turri ac muro viridarii, XII s. v d. c. Et pro picturis camere nove (contigue dicte turri)... LXVII lb. IIII s. II d. c. Et pro muro viridarii, II^c XCI lb. VI s.

» Et pro vitreis capelle et quibusdam aliis minutis, XXXIIII lb. VIII s. c. » (Ibid., fol. 106.)

» 15 février. « Facto computo cum magistro Petro Piscis magistro operum domini nostri pape de expensis factis per ipsum in operibus domini nostri pape in mense januarii proxime preterito, videlicet in lapidibus, calce, arena, ferro, plumbo, salario magistrorum, lapicidarum, fusteriorum, manobrarum et pluribus aliis, et reperto per rationes suas quod expenderat in dicto mense pro operibus turris palacii apostolici Avenionensis muri consistorii et gradarii per quod ascenditur ad viridarium, III^c XX lb. XIII s. II d. c. Et pro operibus muri viridarii, III^c LXIX lb. v s. XI d. c. Et pro vitreis capelle, LXI lb. VIII s. c. » (Vol. 162; fol. 185.)

» 18 mars. « Facto computo cum magistro Petro Piscis magistro operum domini nostri pape de expensis factis per ipsum in mense februarii... in lapidibus, calce, arena, ferro, plumbo, salario magistrorum, lapiscidarum, fusteriorum, manobrarum, et pluribus aliis et reperto per rationes suas quod expenderat in dicto mense tam pro turri et muro exteriori ante turrim pictura turris et copertura plumbea dicte turris et pro studio domini nostri contiguo dicte turri II^m II^c LIII flor. auri II lib., XVIII s. jul hatorum argenti XXVI s. tur. gros. argenti, XIII libr. XV s. VIII. (Vol. 161, fol. 87, et vol. 162).

» 7 avril. Au même : « Pro plumbo infrascripto per ipsum empto a die XXX mensis januarii proxime preteriti usque ad diem presentem pro coperienda turre palacii papalis Avinionensis emptis a Chionello de Podio precio xvi s. iii d. c. pro quilibet quintali. Solvimus dicto magistro Piscis iie xxii lb. iiii d. c. in iiie xlvi fl. auri. » (Vol. 162.)

» 8 avril. Au même : « Pro operibus muri ante audientiam studii novi juxta viridarium, picturis turris, miiie xxviii lib. xii s. od. c. (fol. 87 v°).

» 17 mai. Au même : « Pro operibus turris, muri ante audientiam studii novi, capelle et aule nove et picturis turris, miiie lxxx lib. iii s., ix d. ob. c. Et pro operibus muri viridarii, viiie xlviii lb. vi s. v d. ob. c. »

» 12 juin. Au même « mviie xxv lb. iiii s. xi d. ob. c. xi fl. auri. »

» 6 juillet. Au même : « Pro operibus domus et coquine juxta turrem et cavatura et factura gradariorum turris et picturis camere nove, ve lb. iiii s. xi d. c. Et pro operibus muri viridarii, vie xxxiii lb. xiiii s. xi d. c. »

» 7 août. Au même : mviie lb. vi d. c.

» 12 septembre. « Facto computo de expensis factis per Bernardum Canelle (?) clericum Narbonensis diocesis pro operibus domini nostri pape in quinque septimanis terminatis die dominica septima mensis septembris proxime preterita, videlicet in lapidibus, calce (etc., comme ci-dessus) pro operibus domus juxta turrem et muri viridarii et aliis operibus ixe xxii flor. xxv scudatis (sic) auri, miiie lix lib. vii s. viii d. ob. c., solvimus dictam summam iimviie flor. xxv scudat. auri. xiii s. ob. c. »

» 6 octobre. Au même : iim lxxiiii flor. auri, ix s. vii d. ob. c.

» 2 novembre. Au même : « In coloribus pro picturis corretorii, ...pro copertura corretorii, destructione corretorii antiqui, mundatura corretorii et cimeterii beate Marie de Domps = mve lxxxvi flor. auri, xii s., iid. ob. c. [1] »

» 2 décembre. Au même : « Pro mundatura et fundamentum (sic) hospitalis juxta palacium et palacii (sic) muri prope coquinam et consistorium ac salario fusteriorum et serratura fustium et salario cadrigorum iiie lxiiii lb. xvi s. vi d. ob. c., iiie xxxvi fl., solvimus eidem dictam summam in viiie xvii flor. viii s. iiii d. ob. » (Vol. 162, fol. 87.)

1338. 2 janvier. « Facto computo cum Bernardo Canelle clerico supradicto... m iiiie lix fl. xii s. vi ob. c. »

» février. « Cum magister Piscis fecisset pactum cum magistro Pero de Carona lapiscidario de faciendis gorgis supra terrassam cum bardatura earum precio xv flor. solvi eidem xv flor. auri. » (Introitus et Exitus 1338, fol. 12).

1338. 2 mars. « Facto computo cum B. Canelle clerico supradicto de expensis factis per ipsum pro operibus domini nostri pape in mense februarii... iie lxxxi lb, iiiie lviii scud. auri. ci lb. xiii s. vi, d. c. » (Vol. 170, fol. 92. Cf. fol. 92 v°.)

» Die XXVI mensis julii, pro operibus aule constructe de novo ante primam portam palatii apei Avinion. per Johannem Folcrandi, Jacobum Alasandi, P(etrum) Audiberti, Petrum Capelerii et Bernardum de Ganiaco

---

[1] Au fol. 113 il est question des « possessiones emptæ pro ipso palatio ampliando ». Le registre contient en outre les dépenses faites pour l' « hospitale juxta palatium », pour le « tinellum », etc.

lapiscidarios de Avinione, que aula cum tinello ac duobus portalibus et fornellis duabus (sic) capitellis muri versus ecclesiam beate Marie fundatis et procedentibus eidem aule sese tenentibus continet in summa omni, bardatura, merletis, barbacanis, et dictis turella et portalibus mxli cannas, sex palmos cum dimidio, videlicet de muro grosso vii^c xxxix cannas unum palmum, que valent, ad rationem iii florenorum cum dimidio pro qualibet canna, ii^m v^c lxxxxii flor., xv s. cur., et de muro iiii^{or} palmorum in latitudine lxiiii cannas ii palmos iii quartos cum dimidio, valent ad rationem iii flor. pro qualibet canna cxciii flor. xv d. cur., et de barbacanis et merletis ii^c xv cannas, iiii^{or} palmos cum dimidio quarto, valentes, computata qualibet canna xxii s. cur. ii^c xxxvii lb., xx d. cur., valentes ii^c cvi flor., s. viii d. cur. Et de textudine turelle et portaliorum xxiii cannas, vi palmos cum dimidio, valentes, qualibet (canna) computata pro iii flor. lxxi flor., vii s. cur., de quibus mxli cannis, vi palmis cum dimidio, valentibus sicut premissum est iii^m cxlvii flor., xiiii s., vii d. cur. xxvi canne, vi palmi de muro grosso deducuntur primitus per operarios ad dietas domini nostri pape conductos, valentes xciii flor., x s., cur. Et sic restant, facta deductione hujusmodi, mxvi canne cum dimidio palmo, que valent in summa iii^m liiii flor., ii s., xi d. cur. Sed quia in libro ordinario Camere anni preteriti in expensis operum fuerunt computati miiii^c flor. soluti pro dictis operibus, ideo non scribuntur hic pro expensis anni hujus nisi mvi^c liiii flor., ii s., xi d. cur. » (Reg. 170, fol. 93.)

On continua pendant toute l'année 1342 à travailler à la Tour de Trouillas, comme on peut s'en convaincre par ces quelques extraits choisis parmi beaucoup d'autres.

« Anno quo supra, die XXI mensis januarii soluti sunt Rostagno Prophete calcinerio pro viii^c xci scandalh. calsis (sic) emptis ab eodem et receptis in mense decembri proxime preterito et in presenti mense januarii pro edificio turris Tralhasii ad rationem ii sol. monete currentis, in lxix flor. auri.

« Die XXI mensis aprilis soluti sunt Johanni Fabri et Petro de Castellione frigidariis pro dirutione parietum et fenestrarum domus in qua morari solebat dominus camerarius domini nostri pape in qua fit turris Trolhasii juxta conventionem habitam cum Camera, xl flor. auri. »

1342. 13 janvier. « Traditi sunt et mutuati magistris Jacobo Alasandi, Petro Clari et Johanni Mathe lapicidis pro edificiis turris Trolhassii. — l flor. auri. »

1342. 29 janvier. « Traditi sunt et mutuati magistris Petro et Bertrando Gafirelh (alias Gafuelh) ac Jacobo Alisandi pro edificiis turris Trolhassii. — l flor. auri. — Id. 50 florins le 10 février; 50 fl. le 2 mars ; 60 fl. le 27 mars ; 30 fl. le 13 avril, « pro operibus per eos factis extra turrim Throlhasii ». (Introitus et Exitus 1342, fol. 33.)

On trouvera en outre, dans une brochure intitulée *les Origines du Palais des Papes*, par L. Duhamel, le texte de la bulle du 23 juin 1336, accordant des indulgences aux fidèles qui visiteront la chapelle construite par Benoît XII, dans le palais apostolique, ainsi que le texte de la bulle du 5 juin 1336 pour l'échange entre le palais épiscopal et le palais apostolique, et de la bulle du 1ᵉʳ février 1341 relative au même objet.

Villeneuve-lez-Avignon.

« Eodem etiam tempore fuit ædificata, fundata, et dotata ecclesia collegiata beatæ Mariæ Villanovæ prope Avenionem per Dominum Arnaldum de Via, Sancti Eustachii Diaconum Cardinalem, qui etiam ibi instituit certum numerum canonicorum, et decanum qui ipsis præsideret. Voluitque quod collatio præbendarum alternatis vicibus ad Regem Franciæ pertineret. » (Baluze, t. I, p. 203.)

« Hujus tempore cœperunt cardinales ædificia ultra pontem facere, in quibus æstivo tempore morabantur. » (Ibid., pp. 226-227.)

Une copie de la bulle de la fondation de la collégiale de Villeneuve se trouve à la Bibliothèque nationale de Paris, ms. latin, n° 8971, fol. 238.

Fondations diverses.

« Item animadvertens, quod pro multis necessitatibus interdum Curia citra montes habet morari, hospitia nobilissima nomine Romanæ Ecclesiæ Avinioni [Benedictus XII] construxit. » (Baluze, t. I, p. 233.)

« Item anno Domini MCCCXXXVI die IV mensis junii obiit Dominus frater Guillelmus Petri de Godino ordinis Prædicatorum, Episcopus Sabinensis Cardinalis, qui diu fuerat Legatus in Hispania... Construxit enim tres Ecclesias mirabilis pulcritudinis, adeo quod Ordo suus non creditur habere pulcriores et solemniores ubicumque, unam videlicet in Conventu Avenionensi, aliam in Conventu Tolosano, in qua jacet tumulatus, et aliam in Conventu Bajonensi, in quo fuerat vestitus et educatus. Fecit etiam tam in dictis Conventibus quam in aliis dicti Ordinis multa alia bona admodum commendabilia et memoria digna. » (Baluze, t. I, p. 204-205.)

« Fecerunt tamen dicti Cardinales per idem tempus opus admodum laudabile, et memoria dignum. Primus enim Bastitam, quæ Hispaniæ appellatur, secundus etiam alias satis contiguam, quæ de Montefavenaio nuncupatur, prope Avenionem, de bonis a Deo eis datis a solo ædificaverunt. In quibus sunt mansiones pulcherrimæ, et omni amœnitate decoræ, habentque viridaria, vineas, et pascua, et alia delectabilia infinita. Quæ potius fecisse et ordinasse censentur pro animarum suarum salute, quam complacentia corporali. Primus enim in sua instituit Conventum notabilem Dominarum sub regula seu ordine Prædicatorum degentium; pro quarum, et certorum Fratrum ejusdem ordinis eis assistentium sustentatione, bona et sufficientes reditus et proventus circumquaque acquisivit, earumque usui deputavit: voluitque in Ecclesia valde solemni ibidem fabricata postremo sepeliri. » (Baluze, t. I, p. 202-203.)

« Monasterium etiam Bolbonæ, in quo, ut prædicitur, prius monachus extiterat, magnis et altis muris claudi et circui fecit cum suis magnis sumptibus et expensis. » (Baluze, t. I, p. 199-200.)

Les Basiliques de Rome.

« Hic Pontifex audiens, quod tegumentum seu tectum Basilicæ Principis Apostolorum de Urbe propter trabum antiquissimarum putredinem diu non poterat sustentari, cum novis et veteribus trabibus illud pristinæ soliditati restituit. » (Baluze, t. I, p. 216.)

(MCCCXXXIV). « Qui in primo Consistorio quod habuit, scilicet XII Calendas januarii, mandavit reparari Ecclesiam Romanam Sancti Petri, item Ecclesiam Lateranensem, et alias Ecclesias, et Palatia ibidem desolata. Et ad fabricam donavit quinquaginta millia florenorum. » (Baluze, t. I, p. 219.)

« Ecclesiam insuper beati Petri de Urbe pro tunc in tectis valde demolitam et destructam fecit miro et sumptuoso opere reparari, prout ad ejus memoriam perpetuam in ea litteris grossis et patentibus scriptum reperitur. » (Baluze, t. I, p. 199-200.)

1335. 11 août. « Die XI mensis augusti cum per Guillelmum de Barderio domino Johanni Piscis qui pro reparandis basilicam (*sic*) Apostolorum (Petri) et Pauli ac palacio populi in Urbe est destinatus et deputatus littere apostolice ac alie per cameram mitterentur eidem Guillelmo pro suis necessariis in victualibus in itinere per ipsum faciendo tradidi VII flor. auri de flor. » (Introitus et Exitus cameræ Benedicti papæ XII, ann. 1335, n° 146, fol. cxviii.)

» 6 novembre. « Die VI mensis novembris Guillelmo de Barderis qui domino Johanni Piscis pro reparandis basilica (*sic*) apostolorum Petri et Pauli ac palacio populi in Urbe est destinatus et deputatus litteras... ac alias litteras apostolicas portavit pro suis necessariis in victualibus in itinere tradidi VII flor. auri. » (*Ibid.*, fol. 179 v°).

On sait que le directeur réel des travaux fut le Siennois Paul, ainsi qu'en fait foi cette inscription conservée dans les grottes du Vatican :

Benedictus papa XII Tholosanus fieri fecit de novo tecta hujus Basilicæ sub anno domini MCCCXLI. Magister Paulus de Senis me fecit. (Dionisio, *Sacrarum Vaticanæ Basilicæ cryptarum Monumenta;* Rome, 1773, p. 18, pl. VIII.)

CLÉMENT VI

Le Palais d'Avignon.

« Adhuc Pontifex iste casus mundi considerans, ante prædictum Benedictinum palatium aliud valde mysteriosum et pulcrum, et Capellam amplissimam, nimiumque decoram, sub qua modo caussarum et contra-

— 24 —

dictoriarum audientiæ tenentur, a fundamentis grossissimis fecit ædificare. » (Baluze, t. I, p. 277, 278., Répété, p. 298.)

« Videns autem et audiens hæc et omnia supradicta manuum suarum opera perfectè completa, benedicens Dominum in vita sua, in dicta nova sua magna capella semel duntaxat, in omnium sanctorum festo videlicet, sollemnitercelebravit e t facundissimè prædicavit, ac de votis ejus utcunque completis dignas Deo laudes exsolvit. » (*Ibid*.)

« Hujus tempore incœptum fuit Palatium novum cum Audientia magna, et capella, atque turribus, et quasi completum nec non magna turris, quæ postmodum cremata exstitit. » (Baluze, t. I, p. 305.)

« Ac in primis occurrit capella quæ magnæ turri, de qua cameram faciebat, annexa est, quam a fundamentis usque ad primum girum turris ejusdem in honorem Sancti Michaëlis erexit, illamque fecit picturis pulcherrimis exornari[1]. Deinde magni consistorii locus et parvæ capellæ papalis palatii, quod prædecessor ejus fundaverat. Nam illum et illas nimium scientifice fecit et mysteriose depingi. » (Baluze, t. I, p. 297-298.)

« Ipse etiam palatium Avinionis amplificavit recte de media parte, cum perprius per Benedictum Papam XII prædecessorem suum licet solemne factum fuisset de duobus angulis, ipsum tamen perficiendo fecit quadrangulare, totam plateam muris altis et turribus altis primis æqualibus claudendo et circumendo. In hac autem parte licet omnia ædificata seu constructa sint admodum solemnia et aspectu valde decora, tria sunt tamen quæ reliqua specialiter excedunt, videlicet capella major, audientia, et terraciæ superiores, cum, quod id pro quo constitutæ et ordinatæ sunt, forte non est in mundo palatium in quo, non dicam solemniores, immo nec pares existant, attenta præsertim eorum contiguitate, cum de una ad aliam sine medio ascensus, vel transitus facilis existat. » (Baluze, t, I, p. 261.)

(Clément VI). « Consistorium insuper in alia parte per dictum prædecessorem suum multum solemniter ædificatum, quia remanserat tanquam tabula rasa, in qua nihil depictum erat, miris picturis decoravit, et scripturis mirabilioribus adornavit. In quo considerationem habendo, quod locus ille solum ad justiciam poscendam et reddendam deditus et ordi-

---

[1] 1346. 3 janvier. « Magister Matheus Johannoti de Viterbio pictor computavit de expensis per ipsum solutis pro pictura Capellarum sancti Michaelis que sunt supra palacium apostolicum Avenion. Et primo computat solvisse pro v^s III dictis pictorum qui laboraverunt in pictura Capelle sancti Michaelis que est in capite turris garderaube domini nostri pape, videlicet a XIX die januarii de anno Domini M. CCC. XLV usque ad diem XXV sept. de eodem anno sub diversis preciis prout in libro suo particulariter continetur, in summa LXXI lib. IX denar. parve monete. Item computat solvisse pro certis coloribus per ipsum emptis preter colores receptos a camera pro aliis necessariis ad dissolvendum dictos colores oleo etc. ad Pingendum capellam predictam sancti Michaelis in summa VII lib. XVII s. III d.

« Summa universalis expensararum solutarum pro pictura capelle sancti Michaelis LXXVIII libr. XVIII s. parve monete Avinionensis. » (Archives du Vatican, Introitus et Exitus 1345, fol. 160.)

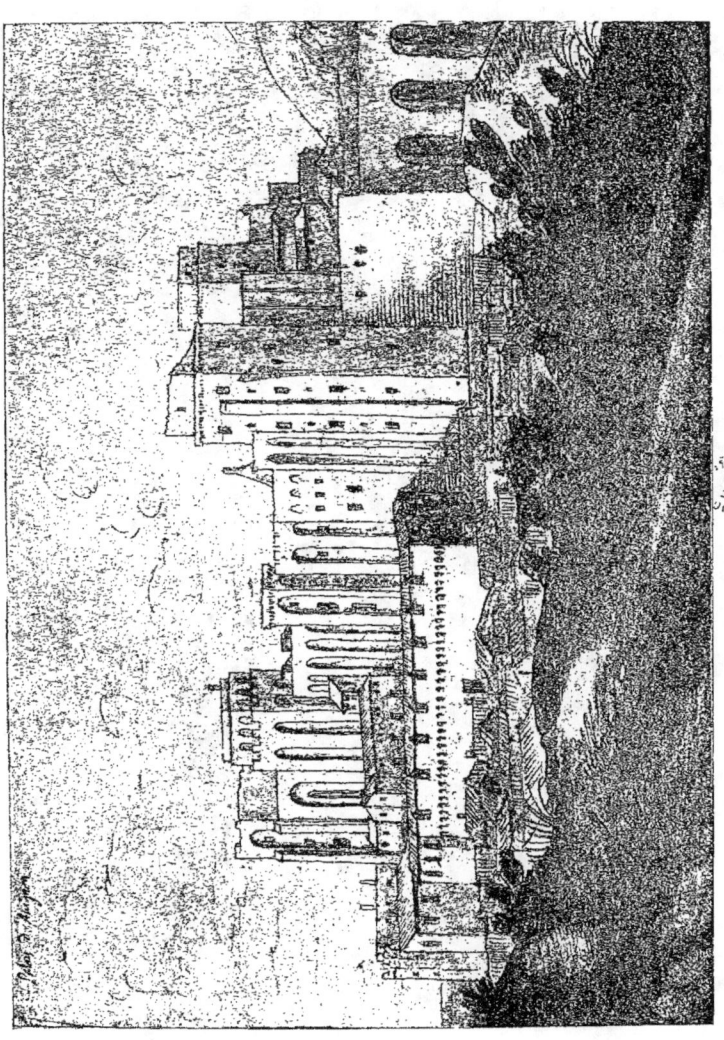

Le Palais des Papes (Façade postérieure)
D'après un dessin inédit de la Bibliothèque d'Avignon.

natus existitit, in pingendo per pictorem hunc ordinem voluit, et in propria descripsit observari : videlicet, quod divina Majestas in supremo throno depicta, circumquaque literaliter effigies sanctorum et sanctarum, ac aliorum, qui in veteri vel novo testamento aliqua notabilia in judicio, jure, justicia et æquitate, aut veritate scripsisse vel dixisse leguntur, pingerentur, et sub cujuslibet effigie seu figura, aut in rotulis, quos suis gestare videntur in manibus, sua dicta seu scripta super præmissis aut altero eorumdem literis grossis et legibilibus scriberentur, libros et capitula, in quibus continentur, rubeis literis designando. Quæ omnia videntibus et legentibus non modicum proficere, eosque allicere debent, ut ab ipsis non devient, sed potius ad eorum observationem intendant. » (Baluze, t. I, p. 262.)

1344. 14 octobre. « Cum fuerit conventum cum magistro Johanne de Lupera quod debet facere provisionem pro omnibus edificiis faciendis de lignaminibus necessariis pro stagiis precio CCCL flor. fuerunt sibi de dicta summa dicto die [soluti] CC flor. » (Reg. 227, fol. 39.)

1345. 26 octobre. « Pro stag. pictorum magni tinelli in magna turri Trulhedii. » (Vol. 240, fol. 58.)

(1346). « Magna aula palatii papalis super hostium capelle dicti palacii que bis facta extitit. » (E. Müntz, *les Peintres de Clément VI*, p. 11.)

3 février. « Mag^r Matheus Johannoti pictor computavit de picturis per ipsum factis in deambulatoriis palacii apostolici a parte magni tinelli in quibus asseruit quod sunt CLXXVIII canne cadrate inclusa parte deambulatorii in qua stant custodes tertie porte, pro quibus computat sibi deberi ad rationem X s. pro qualibet canna, in summa LXXXIX libre parve, que summa fuit sibi soluta in LXXIIII flor. IIII s. singulis florenis pro XXIIII s. computatis. » (Intr. et Exit. cam. 1345-1346, fol. 163 v°.)

1347. 27 avril. « Facto dudum foro cum Galtero Vial, Bertrando Coterii, Bernardo Frezier et Lamberto Fabre de demoliendo audientiam antiquam et totum opus antiquum, videlicet omnes domos que erant ante palatium ubi edificatum est modo palatium novum, et ubi est platea vacua ante dictum palatium, pro quibus omnibus debeba[n]t habere VI^c flor. auri, et facto hodie computo [de receptis traditi fuerunt dicti VI^c flor.] » — (Vol. 251, fol. 110.)

Voy. en outre mes *Peintures de Simone Martini à Avignon*, mes *Peintres d'Avignon pendant le règne de Clément VI* et mes *Fresques inédites du XIVe siècle au palais d'Avignon*.

7 mars. « Sequitur computum Guillelmi Desiderii de lapidibus ab eo receptis pro edificiis palatii apostolici in mense februarii proxime preteriti... Summa universalis VI^c XX flor. XVII s. V d. » (Payements analogues en avril, mai, etc.) — Reg. 251, fol. 105.

1347 24 mars. « Sequitur computum Poncii Saturnini pro morterio et lapidibus trahendis de solario turris Trolhatie X s. — Item pro tegulis et lausa (?) antique audientie et contradictoriarum portandis et recolligendis II fl. » (Vol. 251, fol. 106.)

30 avril. « Computavit Pontius Saturnini provisor edificiorum domini nostri pape de expensis per eum factis pro lapidibus portandis de platea ante palatium infra antiquam audientiam xx s. vii d. » (*Ibid.*; fol. 110 v°.)

13 avril. « Cavamentum muri facti per Johannem Matha in hospitio Marescallie Trolhatii ubi sunt ligna combustilia domini nostri pape. Qui quidem murus de mandato domini Camerarii fuit cavatus per magistros Johannem de Luperiis, Petrum de Lunello et Petrum Gualterii. Murus predictus habet in longitudine iiii cannas et vi palmos, et in altitudine iiii can. et ii pal... Item murus de bugetis (?) qui stat a parte ruppis habet in longitudine vi can. et ii pal. et in altitudine xii pal... Item in dicto bastimento sunt vi pilaria et habet quodlibet duas cannas... Summa predicti muri et pilariorum xxi can. cum iii pal. pro qualibet can. x sol. ¡valent x libr. xiii s., ix den. coronat. Item meianum [1] quod est factum in capella inferiori habet in longitudine iiii can. et v pal. et in altitudine iii can. Ascendit xiiii cannas cum uno palmo. Item dicunt predicti quod pro fundando murum antiquum qui est inter capellam et cellarium et pro faciendo quandam portam in dicto cellario predictus Johannes habeat v flor. Summa totalis xxx viii flor., xi libr., xix s., iii d. » (Vol. 251, fol. 108.)

Chapelle de Sainte-Marie.

« Propter quod (epidemiam) Papa prædictus emit extra Civitatem Avinionensem agrum, qui usque hodie dicitur ager sacer ; ubi foveis profundissimis et largissimis fossis operiebat ut pecora gregatim terra defunctos. Et ibidem fundari fecit unam capellam in honorem Beatæ Mariæ, quam dotavit decenter et de Campo Sancto vulgariter cognomen accepit. Et duravit hæc epidemia usque ad annum septimum Pontificatus sui, nativitatis vero Dominicae MCCCXLVIII inclusive, sed totaliter non completum. » (Baluze, t. I, p. 294.)

Le Pont Saint-Bénezet.

« Pontem insuper lapidum et lignorum, per quem de Civitate Avinionensi in Regnum Franciæ pertransitur, de quatuor arcubus, qui deficiebant in illo, plus quam pulcherrime compleri mandavit et factum est. » (Baluze, t. I, p. 278. Répété, p. 298.)

1345, 24 mars. « Petro Capellerii facto cum eo precio per prefatos dominos cardinales de reficiendo pontem ad summam iiii^m flor. et alios sub certis condicionibus v^c flor. » (Reg. 235, 1345, fol. 39.)

---

[1] Mot provençal qui a été latinisé.

Villeneuve-les-Avignon.

1345, 12 août. « Item [Christiano factori vitrearum] pro vi magnis vitreis per eum factis in capella hospicii domini nostri apud Villam novam, que continent IIII^c xxxv palmos cannatos, per predictum Petrumet per dominum Poncium provisorem operum ad racionem ut supra, valent CVIII lbr. xv s.

« Item pro duobus O (*sic*) situatis in duobus capitibus dicte capelle, continent XXIII palmos et I tierz., valent V lbr., XVI s., VIII d., precio quo supra.

« Item pro una vitrea per eum facta in capella hospicii domini quondam Neapolionis supra altare dicte capelle, continent LII palmos, valent ad racionem ut supra XIII lbr. Summa totalis omnium premissorum est CLXXXVII lbr., VI s., VIII d. Que pecunie summa fuit sibi soluta in CLII flor. XXII s., VIII d. » (Introitus et Exitus Cameræ 1345-1346, fol. 153.)

1346, 30 janvier. « Item [Christiano vitreario] et pro XVII fenestris factis in hospicio novo domini nostri apud Villam novam in quibus sunt VII^c XXXVI palmi cadrati. Et pro duabus fenestris factis in studio inferiori hospicii dicti domini nostri apud Villam novam, continent XL palmos. Et sic in summa VII^c LXXVI palmos (*sic*) valent ad racionem V s. pro quolibet palmo cadrato CXCIIII lb., que fuerunt sibi solute in CLXI flor. XVI s., singulis florenis pro XXIIII s. computatis. » (Intr. et Exit. 1345-1346, fol. 162 v°.)

7 août. « Magister Christianus vitrearius computavit de vitreis per ipsum factis in hospicio Ville nove et domini quondam Neapoleonis ut sequitur : Et primo computat posuisse in VI fenestris que sunt in deambulatoriis hospicii Villenove. Item in una fenestra in camera domini Bellifortis et in alia fenestra que respicit versus capellam. Item in alia fenestra in modica capella, in summa CCCVII palmos in quadrato vitri, pro quibus computat pro quolibet palmo sibi deberi V s., quorum summa est LXXVI libr., XVIII s., IX den.

« Item computat posuisse in X fenestris magni tinelli Avinion. et in IIII fenestris camere paramenti in summa CXXVI palmos ad eamdem rationem, pro quibus computat sibi deberi XLIX lbr.

« Summa universalis dictarum duarum summarum CXXV lbr., XVIII s., IX d., que pecunie summa fuit eidem soluta in CIII flor., XXII s., IX d., singulis florenis pro XXIIII solidis computatis. » (Intr. et Exit. Cam. 1346, fol. 137 v°.)

1347, 8 mars. « Sequitur computum Rostagni Auros coopertorio domorum pro cooperiendo hospicio domini nostri pape Villanove III fl. XVIII s., monete Avinionensis. » (Reg. 251, fol. 105.)

Le Couvent de Gentilli [1].

« Ipse autem (Annibal de Ceccano) diu ante ædificaverat locum de Gentiliaco juxta Pontem Sorgiæ prope Avinionem, in quo constituerat, et fundaverat cœnobium Fratrum Cœlestinorum : pro quorum sustentatione condecenti tam in vineis, pratis, molendinis, domibus, et censibus circumquaque, et etiam ipsorum usui perpetuo deputaverat de bonis a Deo sibi datis pro suorum remissione peccatorum. » (Baluze, t. I, p. 257.)

La Chaise-Dieu [2].

« Ipse præterea monasterium Casæ Dei, in quo a principio professus extiterat, multis et magnis dotavit honoribus et privilegiis decoravit ac proventibus ampliavit, ejusque Ecclesiam quasi vetustate consumptam ac satis ruinæ proximam a solo ædificavit, tamen in multo solemniori statu quam prius. » (Baluze, t. I, p. 262.)

« (Post exequias ejus). Et demum exinde corpus ejus, juxta dispositionem ipsius, ad prædictum Casæ Dei Monasterium, quod ipse Pontifex in Ecclesia et domibus mirabiliter ampliavit, et possessionibus augmentavit, fuit portatum per Dominos fratrem et nepotes ipsius cardinales, et comitem Bellifortis, aliosque nepotes et consanguineos ejus, simul et dolentissime nec minus ceremonialiter quam honorabiliter sociatum, sed virtutis ejus honorum obsequium non attingit, et in sepulcro novissimo, quod ipsemet vigens et vivens in Villanova Avinionensis Diœcesis sibi fecerat fabricari, quodque pretiosissimi et politissimi operis est, illuc delato, et in Capella, quam præter illas supradictas construi fecerat, sepultus est clementissimus ille Clemens, anno Domini MCCCLII, Pontificatus sui undecimo, die VI mensis Decembris. Anima cujus in pace requiescat. Amen. » (Baluze, t. I, p. 278-279. Répété dans la troisième biographie, p. 299-300.)

« Deinde asportatum in Monasterium Casæ Dei, ubi pridem fuit monachus, quodque Cardinalibus comitantibus in Capella ab ipso constructa compositum et tumulatum. » (Muratori, *Rerum Italicarum Scriptores*, t. III, 2ᵉ partie, p. 584; ex additamentis ad Ptolomæum Lucensem ex ms. Patavino.)

La Basilique de Latran.

« Sacrosanctam insuper Lateranensem Ecclesiam, quæ mater et caput est Ecclesiarum Urbis et Orbis, sedesque propria Romani Pontificis, atque prima, tecto, quod deficiebat in illa, honorabiliter et pulcherrime restauravit. » (Baluze, t. I, p. 278. Répété p. 298.)

---

[1] Voy. sur le couvent des Célestins de Gentilli : Courtet, *Dictionnaire des Communes du département de Vaucluse*; Avignon, 1877, p. 334-335.

[2] Voy. sur les travaux de Clément VI à la Chaise-Dieu le travail de M. Faucon : *Bulletin archéologique du Comité des Travaux historiques*, 1884.

Innocent VI

Le Palais d'Avignon.

1355, 3 janvier. « Die tertia januarii soluti fuerunt magistro Johanni de Luperiis magistro operum palacii domini nostri pape de mandato domini nostri pape in deductione(m) majoris summe sibi debite et promisse pro magna turri nova facienda et complenda per eum, qua erit revestiarum magne capelle palacii Avinionensis, v^c flor. » (Registre 277, fol. 146.)

1356, 26 janvier. « Die xxvi januarii soluti fuerunt magistro Johanni de Luperiis magistro edificii turris nove vestiarii palacii domini nostri pape in deductionem summe racione dicte turris sibi promisse c flor. » (Reg. 278 ; fol. 196. Cf. Reg. 280, fol. 66.)

20 février. « Cum de mandato Camere apostolice fuisset factum precium per dominum Raymundum Guitbandi directorem operum palacii domini nostri pape cum Petro Gaufridi lathomo commoranti Avinione de faciendo unum pilare in turri Audiencie et de claudendo unum corretorium ex toto juxta cameram camerarii pro tuicione et securitate meliori et dicte turris juxta deliberacionem magistrorum in lx floren. auri, die qua supra fuerunt dicto Petro solutos (sic) dictos lx flor. » (Reg. 278, fol. 196. Cf. Reg. 280, fol. 69.)

31 août. « Die eodem soluti fuerunt magistro Johanni de Luperiis magistro edificii turris Vestiarii in deductione(m) summe sibi promisse pro edificando dictam turrim, ipso manualiter recipienti lx flor. » (Reg. 278, fol. 204 v°.)

30 novembre. « Die ultima mensis novembris facto computo cum domino Raymundo Guitbandi directore operum palacii de expensis per eum factis pro certis operibus et dictis magistrorum pro claudendo duas portas turris de Trolhacio et mundando palacium et certis aliis cum reparatione muri qui cecidit juxta lignerium et cooperiendo revestiarium magne Capelle, repertum est sibi deberi xvi lib., ii sol., vii den. valore xii floren., xiv solid., v den. Que summa fuit soluta in xii flor., xiii sol., vii den. » (Reg. 280, fol. 106 v°.)

1356, 3 décembre. « Die iii solvi Colino de Queroi (?) et Poncelo ejus fratri et Johanni fusteriis, in deductione[m] m flor. eis promissorum pro restaurando turrim magnam Palacii vocatam de Trolliis, que alias combusta fuerat, recipiente pro ipsis Bertrando Capelerii fidejussore et principali cum eis ii^c flor. » (Reg. 280, fol. 108.)

1357, 22 mars. « Die xxii solvi Bertrando Chapelerii habitatori Avinionis in deductione[m] m floren. sibi et aliis fusteriis sociis suis promissorum pro fustando turrim palacii vocatam de Trolhas alias combustam, ipso pro se et aliis manualiter recipienti ii^c floren. » (Reg. 283, fol. 73.)

22 avril. « Die xxii aprilis soluti fuerunt Bertrando Capelerii lathomo pro se et nomine magistri Johannis de Luperiis in deductione mille vi^c lxii floren. eis debitorum, facto finali computo cum eis pro com-

plendo turrim Audiencie et turrim Revestiarii capelle magne juxta pacta et conventiones facta inter eos et Cameram, prout constat per tnstrumentum receptum per dominum Johannem Palaysini, ipso Bertrando pro se et alio recipienti in deductione[m] dicte summe mmᶜ lvii floren. » (Reg. 282, fol. 150 vᵒ. Cf. Reg. 283, fol. 78.)

1357, 30 avril. « Die eadem facto computo cum Johanne de Castellione habitatore Avinionis, de cannand(is) IIᵐ c xxx cannis, vii palmis parietum et edificiorum factorum per magistrum Johannem de Luperiis in Palacio Avinionis, ad relacionem domini Raymundi Guitbandi et Rostagni Berqui ad hoc deputatorum per Cameram, repertum est sibi debere xii flor. secundum relacionem predictorum factam in Camera, videlicet solvi medietatem per Cameram et aliam per dictum magistrum Johannem, et solvi pro parte debita per Cameram vi flor. » (Reg. 283, fol. 79 vᵒ.)

3 octobre. « Die eodem solvi Rostagno Arena pro cohopertorio domorum, pro complemento nᵉ lxxv flor. sibi promissorum pro cohoperiendo turrim magnam palacii vocatam a Trolhacio, ipso recipienti, l floren. » — Reg. 283, fol. 106.

3 novembre. « Die III novembris soluti fuerunt magistro Johanni de Luperiis et Bertrando Capelerii lathomis in deductione summe eis promisse pro complendo sive complemento duarum turrium palacii, videlicet Audiencie et Revestiarii magne capelle, dicto Bertrando pro se et alio recipienti manualiter, c floren. » (Reg. 282, fol. 164.)

4 décembre. « Die IIII solvi Bertrando Capelerii massonerio et Johanni Brayo ac Nicholao de Quercie fusteriis pro complemento mille floren. eis promissorum pro fustando turrim magnam palacii vocatam de Trolhacio, que alias combusta fuerat, realiter domino Bertrando recipienti pro se et aliis lx flor. » (Reg. 283, fol. 118.)

1358, 26 janvier. « Die eadem solvi Bertrando Capelerii massonerio in deductione[m] summe sibi et magistro Johanni quondam Johannis de Luperiis promisse pro conficiendo et pro consummendis et perficiendis duabus turribus novis Audiencie et Revestiarii palacii Avinionis, ipso Bertrando recipienti, c floren. » (Reg. 284, fol. 67 vᵒ.)

La Chartreuse de Villeneuve.

« Ædificavit insuper idem Pontifex et dotavit in Villanova prope Avinionem domum Carthusiensem, Vallis Benedictionis nominatam, constituens in ea certum numerum Fratrum, seu Monachorum ejusdem ordinis, pro quorum sustentatione multa bona deputavit. » (Baluze, t. I, p. 342. Cf. p. 348. — Voy. aussi la *Gazette des Beaux-Arts*, novembre 1887.)

Travaux divers.

« Fuit etiam erecta capella extra Avinionem prope Ecclesiam de Miraculis in loco qui dicitur Campus floritus ubi tempore epidimiæ infinita corpora tumulata erant, quia non poterant in cimiteriis infra civitatem reponi. » (Baluze, t. I, p. 347-348.)

« Circa festum sancti Matthæi canonici Ecclesiæ sancti Desiderii Avinionensis novam suam Ecclesiam per Dominum quondam Bertrandum Sabinensem fundatam intraverunt, quam antea consecraverat die XX mensis septembris Dominus Raynaldus Episcopus Æduensis, Domini nostri Papæ Thesaurarius; fuitque corpus dicti cardinalis translatum et humatum in ipsa. » (Baluze, t. I, p. 353.)

« Hoc tempore fundatum fuit hospitale sanctæ Trinitatis Avinione per Dominum Bernardum Rascasii militem Avinionensem. » (Baluze, t. I, p. 347-348.)

« In Tolosa etiam, ubi a principio studuerat, fundavit notabile collegium pauperum Scholarium, quod Sancti Martialis voluit appellari. Pro cujus dotatione multa bona exposuit a Deo sibi data. » (Baluze, t. I, p. 342).

Urbain V

Le Palais, les Églises et les Couvents d'Avignon.

« Dictus etiam Urbanus Papa quasi a principio 'sui Pontificatus in plerisque locis continue ædificavit. Et primo in palatio Avinionensi, quod in magna parte ampliavit, in illa videlicet, quæ hodie vulgariter *Roma* appellatur. In qua factæ sunt cameræ, habitationes, deambulatoria, et viridarium[1] miræ pulcritudinis et amœnitatis, habentia in se majorem delectationem, quam etiam quæcumque aliæ in toto palatio existentes. » (Baluze, t. I, p. 392.)

(Le cardinal Anglicus Grimoard). « Qui etiam suo tempore et successive, ultra bona multa, quæ fecit in Ecclesia memorata, in Avinione a solo ædificavit monasterium cum officinis et habitationibus necessariis pro Monialibus de Furnis, Ordinis Sancti Benedicti, quæ prius erant ab extra collocatæ in loco campestri et aperto : deditque eis multa bona et reliquias aliquorum sanctorum, et specialiter brachium Sanctæ Luciæ, munitum et incassatum in argento. » (Baluze, t. I, p. 366.)

Marseille.

« Eodem anno (scilicet MCCCLXVII) die ultima mensis aprilis, præfatus Urbanus Papa recessit de Avinione, gressus suos dirigens versus Romam. Et quum applicuisset Massiliam, declinavit ad Monasterium Sancti Victoris. cui dudum præfuerat : quod quum prius esset vetustate consumptum, minareturque ruinam in multis, ex quo ad Papatum assumptus fuerat, multimode fecerat renovari et reparari, murisque ac turribus altis

---

[1] « Subtus viridarium palatii D. N. papæ prope majorem turrem vulgariter appellatam Trulhas, videlicet ad portam Aurosam. » (Bibl. Barberini, n° xxxviii, 71, fol. 26 v°.)

claudi, circui, et fortificari; magnis etiam privilegiis decoraverat, et multis adornaverat reliquiis, jocalibus, et ornamentis pretiosis. » (Baluze, t. I, p. 376. — Cf. Muratori, *Rerum Italic. Script.*, t. III, 2e partie, p. 643.)

« Eodem anno et mense Dominus Papa existens in Massilia consecravit majus altare in monasterio Sancti Victoris Massiliensis. ». (Baluze, t. I, p. 404.)

« Tandem vero post multa bona et virtuosa opera in Domino requievit di xix mensis decembris anno Domini MCCCLXX pontificatus sui anno nono, fuitque sepultus in Ecclesia majori Avinionensi, demum transferendus ad monasterium Sancti Victoris Massiliensis, ubi vivens suam perpetuam elegerat sepulturam, magnis et stupendis miraculis coruscando. » (Ibid., t. I, p. 398.)

« Eodem etiam tempore translatum fuit de Avinione corpus Urbani pape V ad monasterium Sancti Victoris Massiliensis, in quo vivens suam perpetuam elegeret sepulturam, concomitantibus ipsum sex cardinalibus per ipsum ordinatis... » (Ibid., t. I, p. 430.)

Montpellier.

« Postea vero circa principium anni MCCCLXVII, ivit ad Montepessulanum caussa videndi et visitandi monasterium, quod in honore sanctorum Benedicti et Germani a solo suis magnis sumtibus ædificaverat, et solemniter dotaverat pro sustentatione certi et notabilis numeri monachorum jam per eum ibidem instituti et ordinati, partim ut divinis insistant officiis, et partim ut literarum studiis vacent, pariter et intendant. Ipse enim tunc in propria altare majus hujus monasterii consecravit, ac magnis privilegiis decoravit, et multis reliquiis, ornamentis et jocalibus pretiosis adornavit. » (Baluze, t. I, p. 374. Cf. p. 406. V. Marini, *Archiatri pontificj*, t. I, p. 83 et les Archives Secrètes du Vatican, vol. 460.)

« Urbanus V. Monachus felicis recordationis et bonæ memoriæ, multa construxit pro Ecclesia et Ordine sanctissimi Benedicti, et pulcherrimam domum et Ecclesiam et Monasterium in Montepessulano fieri fecit. Et audivi ab eis, qui dicti operis faciendi erant commissarii deputati, quod in septem millia francorum et ultra in opere illo expensa fuerant cum dependentibus subsequutis. Et de maximis donis et jocalibus ditavit dictum locum, et de reliquiis pretiosis. Ubi constituit perpetuo Monasterium Monachorum studentium et claustralium. Et dicebatur, quod si diu vixisset, Episcopatum vel Abbatiam erexisset. Marsiliæ, ubi præfuit Abbas, in sancto Victore multa ædificavit, reparavit et donavit. Et inibi quasdam Abbatias subjugavit, muros pulcherrimos et fortes cum vallatis Avinionensis civitatis, et quamplurima alia citra montes et ultra sumtuosa construxit, quæ quasi incredibilia reputantur, facta in parvo tempore sub. » (Baluze, t. I, p. 415-416. — Cf. Muratori, *Rerum Italic. Script.*, t. III, 2e partie, p. 643-644.)

(Le cardinal Anglicus Grimoard). « In Aptensi etiam civitate a solo

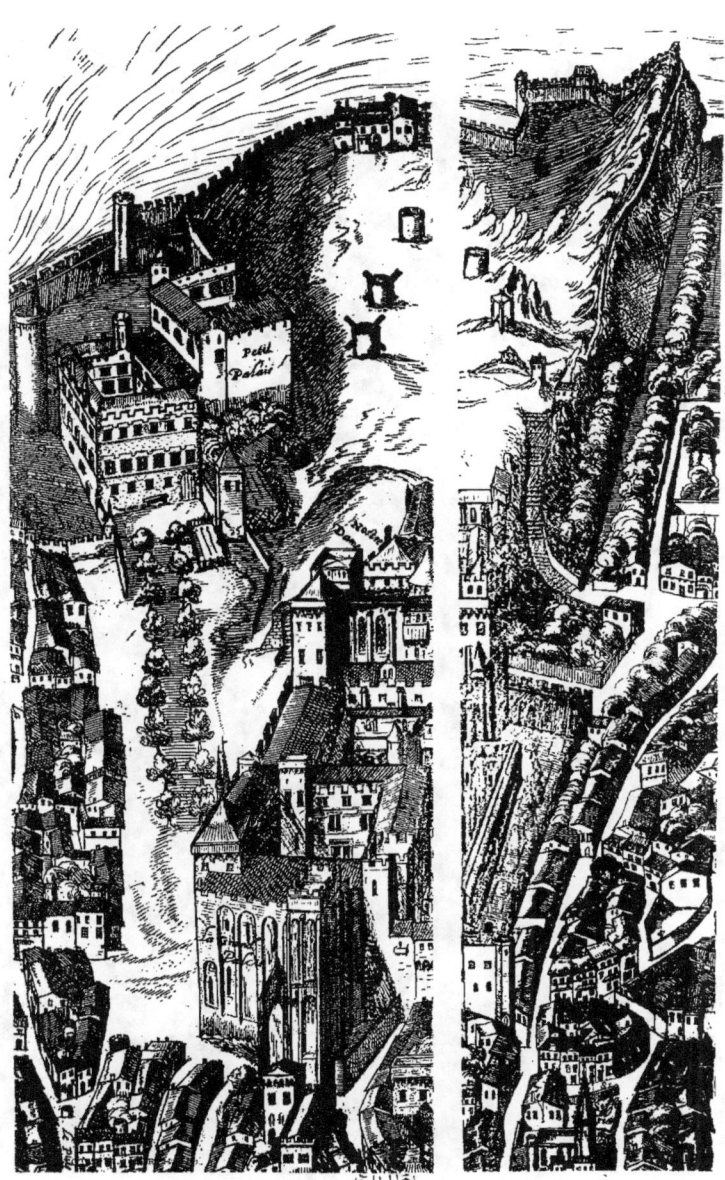

Le Palais des Papes
D'après un Plan d'Avignon en 1618

ædificavit, et etiam dotavit monasterium monialium ordinis Cisterciensis, et in Montepessulano collegium canonicorum regularium sub nomine Sancti Rufi, in quo constituit certum numerum canonicorum, qui Deo ibi servirent, et nihilominus intenderent circa studia literarum. Dotavitque collegium hujusmodi de reditibus et proventibus satis sufficientibus ad sustentationem dictorum canonicorum. Quibus etiam providit de plurimis bonis libris ac aliis ornamentis pro divino servitio, et sui continuatione studii necessariis et opportunis. » (Baluze, t. I, p. 366.)

Fondations diverses.

« In loco etiam de Bedeosco, diœcesis Mimatensis, ubi erat ecclesia baptismalis et parochialis loci suæ originis, spectabatque ad Domum suam paternam, a solo ædificavit pulcram et satis notabilem ecclesiam, quam muris altis et turribus ad modum castri circundedit. In qua constituit collegium certorum canonicorum secularium et Decani, qui ibi haberent Deo perpetuo deservire, in memoriam sui et parentum suorum, quorum sepultura est et erat ibi ab antiquo. Dotavitque dictum collegium tam de bonis paternis quam aliis bene et sufficienter. » (Baluze, t. I, p. 392-393.)

« In ecclesia etiam de Quesaco dictæ diœcesis, ubi est oratorium spirituale et devotum Beatæ Mariæ Virginis, collegium novum instituit certorum canonicorum secularium et Decani, qui ipsis habeat præsidere : pro quorum sustentatione sufficienti reditus et proventus multos acquisivit et ordinavit; fecitque dictam ecclesiam muris et turribus altis circumdari. Idemque fecit in plurimis aliis locis et ecclesiis Dei servitio deputatis in dicta diœcesi constitutis, de quibus dubitabat quod tempore guerræ faciliter possent capi aut hostiliter impugnari. » (Baluze, t. I, p. 393.)

Rome. — Basilique de Saint-Pierre et Palais du Vatican.

« Hoc tempore Dominus papa fecit reparare multas ecclesias in Urbe, specialiter ecclesiam Sancti Johannis de Laterano, et ecclesiam Sancti Pauli. » (Baluze, t. I, p. 409.)

« Palatium (S. Petri) suum, dictæ ecclesiae contiguum, quod prius vetustate ac inhabitatione quasi consumtum ac dirutum saltem quoad tecta opere mirabili fecit renovari. » (Baluze, t. I, p. 380.)

« In Roma etiam existens ecclesias Lateranensem et Sancti Pauli, quarum tecta erant totaliter demolita, fecit mirabiliter et sumtuose reparari. Et idem fecit de ecclesia Sancti Petri in ea parte in qua reparatione indigebat. Ibidem etiam juxta palatium suum fodi et aptari fecit unam vineam maximi ambitus, de qua communiter, si bene et debite colatur et operetur, annuatim colligentur tercenta dolia vini. In qua etiam noviter plantari fecit multas vites et arbores fructiferas, quas de diversis et longinquis terris et partibus fecit asportari. Ipse insuper tam in Urbe quam in aliis ecclesiis ac locis religiosis ecclesiasticis, proute orum necessitas exigebat,.

vestes sacras, calices, ornamenta ecclesiastica, et libros ad officium divinum opportunos, innumerabiliter distribuit atque dedit, reliquiasque multorum Sanctorum auro et argento, gemmis ac lapidibus pretiosis adornatas reposuit in eisdem. » (Baluze, t. I, p. 392-393.)

« Magnis sumtibus reparari fecit palatium Sancti Petri jamdiu ante dirutum, et quintam partem majoris ecclesiæ Sancti Petri, et majorem partem ecclesiæ Lateranensis, et ecclesiam Sancti Pauli extra muros. « (Muratori, *Rerum. Italic. Script.*, t. III, 2ᵉ partie, p. 644.)

Les comptes des peintures exécutées en 1369, dans le palais du Vatican, ont été analysés dans la *Chronique des Arts*, du 22 mai 1880. Voy. aussi Crowe et Cavalcaselle, *Storia della Pittura in Italia*, t. II, p. 102-104; Florence, 1883.

Rome. — Basilique de Saint-Paul.

« Veniens itaque Romam, primo constituit reparari ecclesias Romanas. Fertur autem Abbas ecclesiæ Sancti Pauli dicto papæ magnam summam florenorum obtulisse ad finem, quod ad cardinalatum posset promoveri. Accipiens itaque papa hanc oblationem, de eadem constituit reparari ecclesiam Sancti Pauli, et Abbatem in suo statu reliquit absque promotione. Sicque factum est, quod papa de dicti Abbatis pecunia fecit quod ipse Abbas facere debuit. » (Baluze, t. I, p. 415-416[1].)

Pérouse.

1370, « Tuncque pronuntiata est pax, et Dominus Bituricensis vicarius intravit Perusium, et possessionem recepit pro ecclesia. Cœpitque ædificare citadellam. » (Baluze, t. I, p. 412.)

Montefiascone.

« Eodem anno, tempore æstivo instante, idem Urbanus deliberavit se transferre ad Montem Flasconis, ubi aër purus est et sanus : fecitque ejus palatium, utique satis pro tunc ruinosum, collapsum, et deforme, reparari, renovari, et mirabiliter adaptari ac novis officinis decorari. Et quum locus ipse non haberet aquas potabiles nisi cisternales ab intra, in medio villæ puteum magnum et altum fodi et fieri fecit, aquam abundanter proferentem. Quumque ad dictum locum pervenisset, adeo in ipso delectatus est, quod moram suam in eo se velle facere etiam in æstatibus futuris ordinavit, audientia tamen caussarum in Viterbio residente, quum locus ipse pro tota curia non existeret bene capax. » (Baluze, t. I, p. 382.)

Le Mont-Cassin.

« Anno MCCCLXX. currente in monasterio Cassinensi... quia erat

---

[1] Le ciborium et le reliquaire destiné aux chefs de saint Pierre et de saint Paul feront l'objet d'un travail spécial.

collapsum in ædificiis, quæ propter terræmotum erant pro majori parte diruta, ipsum fecit reparari et reædificari, et in hoc voluit exponi proventus ipsius quamdiu vacavit. » (Baluze, t. I, p. 389.)

Grégoire XI
Travaux divers.

1371. « Eodem anno, in æstate sequenti ivit ad Villam novam Avinionensis diocesis, ubi stetit per aliquod tempus. » (Baluze, t. I, p. 451.)
« Et dictus dominus Papa recedens de Villanova, ivit versus castrum de Novis, et transiens Avinioni, noluit intrare palatium, et postea de Novis ivit ad Orgonum, et de Orgono ad Celonem, et in dictis locis stetit per totam æstatem. » (Ibid., p. 452.)
« Hic refici fecit campanile ecclesiæ Beatæ Mariæ Majoris de Urbe, necnon Lateranensem ecclesiam. » (Ibid., p. 481.)
1378. « In pace quievit, fuitque prime corpus ejus delatum ad Ecclesiam beati Petri et ibi pro eo solemnibus exequiis celebratis in crastinum translatum et sepultum in ecclesia Beatæ Mariæ Novæ, in qua prius cardinalis existens fuerat intitulatus. » (Ibid., p. 441.)

Benoit XIII
La cathédrale de Carpentras.

1405, 10 février. « Domino Arbaldo Archiepiscopo Arelatensi quem dominus noster papa mittit apud Carpentoratem pro ponendo primum lapidem in fundamentis ecclesie cathedralis que ibidem incipietur noviter edificari, destructa antiqua, et quos vult ipse dominus noster ad ipsius fabricam dari, recipiente pro ipso Poncio Isnardi familiare suo, videlicet centum florenos currentes, valent florenos Camere lxxx. » (Reg. 1404-1405, fol. 159.)

III

Les noms des tours du Palais d'Avignon d'après l'inventaire d'Urbain V.

L'inventaire d'Urbain V, rédigé en 1369, nous prouve que la plupart des tours portaient dès lors le nom sous lequel elles n'ont cessé d'être connues depuis. Voici les principales de ces mentions, qui nous fournissent en outre quelques détails sur l'affectation des tours :
« Item in turri Trulhacii in quodam stagio ad quod ascenditur per terraciam, ubi est quedam porta ferrea (fol. 179). — Camera turelle parve que est juxta Turrim de Troilhacio [1] ».

[1] Ce nom de Trouillas (étymologie: « Trullum », pressoir : *Glossaire de Ducange*) se trouve dès le règne de Benoit XII.

« Item in introitu superiori turris de Troilhacio, una magna culcitra de pluma.

« Item in meiano stagio turris Troilhacii subtus cameram in qua jacebant servientes armorum. I.ᵐ quintalia lignorum vel circa.

« Item in magna turri de Troilhacio, scilicet in Camera in qua solebant jacere servientes armorum sunt xxx baconi falsi.

« Magna turris nova vocata la Gachia [1]. In prima trabe a parte ecclesie S. Marie de Dompnis. » (Fol. 178.) — On y conservait les harnais, etc.

« In superiori solario seu stagio turris aperte Peyrolharie. » — C'est la tour Saint-Laurent, qui donne sur la rue Peyrolerie (de *peyrou* = chaudron).

« Turris proxima ecclesie B. Marie de Dompnis, in qua solebat stare D. Montmajor (fol. 179). » C'est probablement la tour de la Campane. On y conservait les balistes.

« Item in camera media turris versus ecclesiam beate Marie, in qua jacebat dominus Prepositus Folcalquerii, unum matalacium de fustana alba cotonno munitum.

« Item in camera subtus campanam duo matalacia... »

« Item in penore subtus turrim Thesaurarie sunt V bote de mena (?) vacue.

« Item in capella antiqua inferiori V lapides ad tenendum oleum quorum minor est oleo plenus.

« Item in capella majori domini nostri pape.

« Item in magno tinello quinque scanna sive archebancs.

« Item in coquina superiori due bacine sive conche.

« Item in coquina inferiori quinque bacine magne.

« Item in tinello domini Thesaurarii videlicet et in camera paramenti...

La chapelle Saint-Michel : on y conservait les chasubles, etc. (fol. 176.)

« Item in camera inmediate subtus capellam sancti Michaelis.

« Omnia ista cum coffris predictis fuerunt portata in capella[m] sancti Michaelis supra dictam cameram.

« Item in studio domini nostri pape juxta cameram paramenti.

« Item in camera paramenti unum bancale de opere Atrebatensi mediocris forme fractum.

« Item in camera magne turris una culcitra magna cum suo pulvinari de alexandro.

« Est tamen sciendum quod de hiis que in presenti camera erant fuerunt tradita domino priori de tabulis pro portando in camera[m] paramenti domus nove palacii antedicti, die quinta mensis maii.

« Item in capella que est juxta cameram quam tenebat dominus B. de Sancto Stephano.

« Item in vestiario vet[eris?] capelle est una magna capsa. »

[1] La Tour de la Gâche ou du Guet.

IV

Le Palais d'Avignon d'après le « Labyrinthe royal ».

« Benoist XII créé en Avignon, successeur de Jean, sacré aux Jacobins, commença à bastir le grand Palais par la partie septentrionale, quarrée, à quatre corps de logis, jusques à nostre Dame de Doms : personnage de grande saincteté et théologien excellent, il repose à Nostre Dame en une autre chapelle, à main gauche du chœur.

« Clément sixiesme le suivit, l'ornement de la maison de Canillac, coronné en Avignon aux Jacobins. Ce fut celuy là, qui achepta cette ville 80 mille florins d'or de Florence, l'an 1348, bastit tout le devant du Palais, et la grande chapelle d'en bas vers la Vicegérence, commença les murailles neufves depuis la roche de Doms, jusques à la porte du Rhone : fit refaire quatre grandes Arcades du pont, que le grand ravage des eaux avenu de son temps, avoit mis par terre : il y mit ses armoyries d'où plusieurs ont prins occasion de penser et d'escrire que les Papes avoient faict le pont, lequel néantmoins fut basti miraculeusement l'an 1177 par sainct Benezet, pastre envoyé de Dieu aagé seulement de douze ans, et les papes ne vindrent en Avignon que l'an 1305 ou 1306 pour le plus. Clément décéda en Avignon et est enterré à la Chase Dieu, en cette belle Église qu'il avoit faicte bastir : grand prédicateur, d'une mémoire monstrueuse, se souvenant de tout ce qu'il voyoit, oyoit, lisoit une seule fois, sans jamais s'en pouvoir oublier, comme le tesmoigne Pétrarque.

« Après luy suivit Innocent VI, créé en Avignon au Palais. Il a basti la grande chapelle d'en haut et parachevé tout ce corps de logis méridional et des murailles, depuis le pont de la Sorguette soubs les Jacobins jusques à S. Lazare, fondé les Chartreux de Ville-neufve où ses cendres reposent.

« L'on lui subrogea S. Urbain V créé en Avignon au Palais, qui a faict tailler dans la roche la grande cour et le puis dudict Palais, œuvre merveilleuse : a faict faire le logis qui regarde l'Orient, où estoit logée la Royne, depuis la sale des Légats jusques aux grandes chapelles : et des murailles les plus belles de toutes, dez le pont de la Sorguette quasi jusques a la Porte du Rhosne et dez la porte de S. Lazare jusques à la roche de Doms ; voire a faict refaire de celles d'Innocent, qui avoient esté faictes à la haste dez la porte Sainct Michel jusques à la porte d'Ymbert, et la porte de S. Lazare mesme, avec le pan de muraille en ça, qui a des meurtrières et bouquez : tout cela ayant esté mis à bas par le ravage de la Durence et du Rhone, qui s'estoient accordez une fois de faire du bien à la ville d'Avignon. Il mourut en Avignon au Palais du cardinal Albane son frère, près du chœur de sainct Pierre, ainsi que l'a escrit Verneron son secrétaire, qui y estoit présent. Platina, selon sa coustume qui est de dire toutes choses *ab hoc et ab hac*, dict qu'il est mort à Marseille, où il fut transféré deux ans après avoir esté enterré et reduict en cendres (comme il l'avoit commandé par son testament) à nostre Dame de Doms ;

de sorte que pour le présent il gist à Marseille à sainct Victor qu'il avoit faict bastir sumptueusement, avec la forteresse. Il trouva les chefs de Sainct Pierre et S. Paul et le corps de S. Thomas d'Aquin que Jean 22 avoit canonizé en Avignon : il mit sus l'usage des *Agnus Dei*, qui avoit esté intermis par longues années et fit plusieurs miracles.

« Grégoire unziesme succéda à Urbain : il fut de la maison de Canillac, faict en Avignon au Palais : où ayant résidé par l'espace de quatre ans entiers, ramena le sainct siège à Rome, un des plus grands jurisconsultes de son temps et grand homme de bien : il gît à Rome.

« Plusieurs désirent de scavoir qui le premier et à quelle occasion mit le nombre septennaire en ceste ville. Nous en avons ouy en son temps et lieu, ce qu'on en avoit peu apprendre par le cours de l'histoire d'Avignon : j'en diray seulement un mot icy en passant pour les curieux. Ce fust saint Urbain, cinquiesme du nom, de la maison de Grisac, en Languedoc, natif de Beaucaire. Il se plaisoit uniquement au septennaire : et de faict au ravelin de Saint-Lazare qu'il a faict rebastir, il ny voulut que sept créneaux, où l'on avoit faict escrire le plebiscitum septennaire cy dessus allégué, qui m'a donné occasion d'entamer ce propos : de mesme au grand palais n'y ayant que six tours, Trouillas, de l'Estrapade, Saint-Jean, de la Cloche, Saint-Laurens, et l'Agache, il y en adjousta la septiesme, et l'Appella des Anges, la plus belle de toutes, où est l'Archive admirable, dans les fondements : la salle des Légats et autres beaux membres qui furent donnés pour logis à la Royne. L'on a remarqué fort particulièrement les ans passez, par le dénombrement des bastimens et fondations, qui furent faictes de son temps, que non seulement il a introduict le septennaire, mais a prins occasion de ce faire du dessein qu'il avoit de rendre Avignon une seconde Rome. Il feit faire de tres beaux vergiers en ce mesme endroict du Palais et ordonna que l'on appelleroit tout ce costé là du nom de Rome, comme le tesmoigne Pierre Verneron, qui estoit son secretaire, en son manuscript des papes d'Avignon. (Le cardinal de Clermont les gasta y faisant bastir la Mirande et cette grande galerie, qui occupent la plus grand part de ces jardinages.) Nous ne pouvons révoquer en doute avec raison qu'Urbain ne voulut former Avignon sur le prototype de Rome : mesmement ayant délibéré d'y arrester à tousjours le Saint-Siège comme l'on voit à l'œil par toute la trame de l'histoire de ce temps là : qui a occasionné Paul Æmile de parler en ces termes d'Avignon : *Avenio sancta jam, atque Urbis Romæ æmula.* »

(Valladier, *Labyrinthe royal de l'Hercule royal triomphant*, p. 29 et suiv.)

V

Le Palais d'Avignon, d'après Jodocus Sincerus.

« Palatium hic pontificum est vetus et amplum. Introitus exhibet quatuor architectorum effigies. Monstratur atrium igni et pulvere intrato subjecto uti narrant, disjectum[1]; nunc sphæristerium pilæque minoris lusus.

« Aliud item, in quo pontifices electi fuerunt, hodie pilæ majoris lusui destinatum.

« Aliud insuper, in quo vice legatus Sedis apostolicæ audire solet se compellatum missos, pulchrè ornatum, in quo hi versus :

> Qui varias operum moles, curritaque passim
> Mœnia dimensæ suspicis artis opus :
> Ingressus nostras humiles ne despice sedes
> Aerimus (sic) ex sola commoditate decus.

« Complura restant alia, quæ huc cum dictis versibusque inscriptis enotare longum esset.

« Turris ibi præalta et in summo data opera foramen factum, collocando tormento ad infestandum liberum pontis transitum. Ex hac nescio an alia infans prolapsus misere in frusta disjectus a Petro antipapa restitutus dicitur. Tabulam in Celestinorum æde cujus rei picturam continentem suspensam supra retuli[2]. Sacella etiam templi cum audientia Rotæ adiri merentur, ac vicinum armamentarium. » (Jodocus Sincerus, *Itinerarium Galliæ*, Lyon, 1616, p. 250-251).

VI

Notice de J. M. de Suarès sur Pierre Obreri.

« Petrus Obrerius archilatomus quondam et director operis palatii domini papæ. — Acta mss.

« Etiam nunc portis insculpta sunt insignia Benedicti XII.

« Capella palatii a Benedicto XII constructa consecrata fuit a Gasberto de Valle archiepiscopo Arelatensi S. D. N. camerario sub titulo SS. apostolorum Petri et Pauli. — Tabul(arium) archiepiscopatus Avenionensis.

« Turris Trulatii dicta alt^{ma} ab eodem Benedicto constructa dicitur. » (Bibliothèque Barberini, n° XXXVIII, 36, fol. 25 v°.)

En regard de cette mention, qui précède de beaucoup celle que fait d'Obreri l'historien Fantoni Castrucci (le premier, à en croire les historiens du Palais des Papes, qui ait prononcé ce nom), il convient de placer la définition donnée des fonctions du « magister operum », par l'auteur d'un traité rédigé immédiatement après l'élection d'Alexandre V, en 1409, traité dont les éléments toutefois sont plus anciens : « Magister operum. Item in palatio apostolico consuevit esse unus officiarius, qui vo-

---

[1] La salle brûlée.
[2] P. 249. « Tabula in qua frustillatim discerpti pueri restitutique depicta historia, quà de referam paulo post. »

catur magister operum, ad cujus officium pertinet omnia opera, quæ fiunt in palatio, vel alibi ubi residet summus Pontifex vel sua curia, mandare et ordinare, sive sunt lignea, sive lapidea, operariis assistere, de salariis et veris pretiis convenire et concordare; habito tamen prius mandato camerarii seu gentium cameræ, vel aliquo de ipsis gentibus per camerarium ad hoc ordinatum, si magnitudo et sumptuositas operis exposcat. Item iste consuevit locum habere in palatio, in quo custodire et conservare possit lignamenta, fustas et alia ad suum officium pertinentia. Item est sciendum quod iste Magister operum percipere solet stipendia in libris cameræ descripta, et ideo non consuevit in palatio apostolico victum habere. » (Gatticus, *Acta selecta cæremonialia sanctæ Romanæ ecclesiæ*; Rome, 1753, t. I, p. 270.)

VII

Le Palais d'Avignon au XVIIe siècle, d'après le manuscrit Chigi.

« Memorie dell' armi ed iscrittioni de sommi pontefici che risederono in Avignone : O che ampliarono : Lo stato ecclesiastico con quelle de cardinali legati e loro vicelegati. (Dédicace de « Gio : Angelo Canini all' Emo », le cardinal Chigi, légat en France.) Fol. 1. (Description des remparts d'Avignon. Reproduit ci-après, p. 45.)

PALAZZO PONTIFICIO. (Armes de Clément VI). « Sopra la Porta di questo Palazzo è collocata la presente arme di Clemente VI senza nome, o titolo veruno conforme le passate. Non si sà, se per la troppo modestia, ò per l'insipidezza di quel Secolo : poiche da ciò ne resulta una poco lodevole oscurità per la memoria de' posteri curiosi, quando mancassero le Scritture negli archivii per provarne il vero. Quest' arme di Clemente VI, parimente l'usò Gregorio XI suo nipote ; tuttavia come ci dimostra l'Iscrittione della Sala, si può credere di quel Pontefice havendo fatto fabricare parte delle Mura, e risarcire il Palazzo. La sudetta porta vien ricoperta da un' altra più moderna[1], che più avanti si sporge dal Muro del Palazzo, ove frà l'una e l'altra vi è il Corpo di Guardia de' soldati. Nel Frontespitio di questa si vede scolpita di bianco marmo l'arme di Sisto Quinto, e di duoi cardinali, cioè del cardinal Carlo di Borbone, e del cardinal Giorgio de Armagnac suo collega, conforme divisano i nomi de medemi intagliati in quella pietra : ma queste poco si vedono, essendo sempre ricoperte dall' arme dipinte de' Pontefici regnanti, e de' Legati, e V. Legati. Per passar nel Cortile sopra la volta del Vestibulo si vede scolpita la med[a] Arme di Clemente VI con le sole chiavi senza il regno.

« Di qui, avanzandozi nel cortile, la facciata all' incontro della porta

---

[1] C'est la barbacane détruite en 1857.

principale⁽¹⁾, ove si vede dipinto sotto ciascuna fenestra della medesima facciata un gran panno spiegato, e sostenuto da Puttini alati con l'arme di alcuni pontefici in compagnia di molte altre. Quella di Clemente viene accompagnata, mà pero più sotto dal nipote, e dal cardinal Farnese, et si legge sopra l'arme del Pontefice CLEMENS VIII PONT. MAX. scritto in lettere d'oro, si come sono tutte le altre, che non sono corrose dal tempo. Sopra quella di Leone si legge : LEO X. PONT. MAX., di sotto son poste due armi de' cardinali Aldobrandini, e nel più basso luogo di Monsignor Montorii con li sei monti, e tre gigli nell' arme. Nell' altro Pontefice si legge : PAVLVS V. PONT. MAX. sotto è posta l'arme del cardinal Aldobrandino, al lato di essa vi era un arme di principe, come si vede dalla sola corona, che vi è rimasta, il restante è caduto; più sotto è collocato Monsig.ʳ Montorio. Segue come è scritto sopra l'altra fenestra : GREG. XV. PONT. MAX. di sotto vi è il cardinal nipote, e del principe Ludovisio, e di Mons.ʳ Dunozet. Quella di Urbano VIII viene di sotto accompagnata dall' arme del cardinal Barberino, et da quella del principe Prefetto ambidue nipoti, e di Monsig.ʳ de Bardi Vescovo di Carpentrasso, e sopra il fregio della fenestra si legge VRB. VIII. P. M. L'arme del pontefice Innocentio è accompagnata da quella del cardinal suo nipote, et del principe Ludovisio, è da monsignor Corsi, ciascuna posta alli suoi debiti luoghi. In quel tempo che l'Eminentiss. cardinal Chigi tornava dalla sua Legatione di Parigi, e si tratteneva in Avignone, si preparava già il luogo, dove si dovevano dipinger le armi del pontefice regnante Alessandro VII suo zio, che il signore IDDIO lungamente conservi ad imitatione de' suoi gloriosi predecessori.

« All' incontro della descritta facciata nell' entrar del cortile à mano destra sopra ad una porta si legge : PAVLVS V. PONT. OPT. MAX. e più sotto nel fregio di essa : SCIP. S. R. E. CARD. BVRGHES. LEG; e poco lontano in una fenestra : PAVLVS V. PONT. OPT. MAX. e di sotto viè scolpito in una cartella : PHILIP. S. R. E. PHILONARD. P. LEG. Servono questa porta, e fenestra all' arsenale overo armeria, le cui volte sono dipinte di chiaro oscuro, mà da mediocre artefice con varie imprese, e cartelle, et arme del pontefice Paolo V.

« Nel descritto Cortile à mano destra nell' entrare nella più alta parte del palazzo vi è scolpita sopra una fenestra un arme di pontefice con due chiavi incrociate simile à quella di Nicola V. »

(2 armes du cardinal della Rovere ayant au milieu les armoiries de Sixte IV).

« Quasi in mezzo al descritto Cortile vi è un pozzo fatto con molta industria, e fatica, il quale si profonda per molte braccia nel vivo della pietra à ritrovare nel più cupo di essa l'acqua sorgente. Sopra l'architrave di questo vi sono di bianco marmo intagliate le presenti arme con lettere tali : SIXTVS. IIII. PONT. MAX. »

(2 armes de Clément VII.)

⁽¹⁾ La partie touchant à la tour des Anges et qui servait de résidence aux vice-légats.

« Benchè non siano in questo Cortile, ma in un' altro più intimo del palazzo, non ho voluto trasandare la memoria di Clemente VII, antipapa, promosso al pontificato da otto soli cardinali Francesi per impulso della Regina Giovanna, le armi del quale qui disegnate si vedono nell' altezza di certi muri vicino ad una Torre da lui fabricata dalla parte del palazzo esposto ad austro; queste ho incontrato con quelle poste al capo, et alli piedi della sua statua giacente sopra il tumulo collocato in mezzo la Chiesa de' Celestini in Avignone, dove egli è sepolto. »

(Emblèmes pontificaux, tiare, clefs, écus sans armoiries dans un cadre rectangulaire.)

« Queste insegne pontificie sono scolpite sopra una porta del Cortile, per la quale si trapassa alla Sala. »

SALA PONTIFICIA E SUO INGRESSO. (Armes de Marcel II avec celles du cardinal Alexandre Farnèse).

« Sopra la porta di dove si entra nella sala, dalla parte di fuori ricoperta da un Arco, si vedono le Armi sopra delineate con Cartelle volanti scritte a lettere d'oro.

« A capo la sala nella maggior sommità apparisce effigiato in pittura il Nome di GIESV in mezzo al disco solare, a cui vedesi sottoposto l'alloro, come imprese della casa Barberina col motto, et iscrittioni come all' incontro. »

(Le nom de Jésus avec la « Rovere » au-dessous, et plus bas deux armes du cardinal Antonio Barberini, avec des inscriptions.)

« Sotto le precedenti si vedono l'armi delineate in questo foglio della Santità di N. S. Papa Alessandro VII, dell' Eminentissimo sig^r cardinal Chigi Legato, e dell' Eccellentissimo signor principe Don Mario, generale di Santa Chiesa, le quali furono dipinte nel ritorno, che fece S. Emin^a dalla legatione di Francia, mentre si tratteneva in quella città, che fù di settembre l'anno 1664; benche le medesime armi fossero già state dipinte à piè della sala senza alcuna iscrittione. »

(Dans le haut, les armes d'Alexandre VII, au-dessous, sur les côtés, celles du cardinal Chigi et du prince Mario Chigi, général de l'Église.)

« Nell' angolo della sala a mano destra di queste armi vi sono varie iscrittioni, et imprese, ma tanto rovinate, e guaste, che non se ne può haver cognitione determinata. Dalla sinistra, a cui segue l'ordine dell' armi de pontefici, v' è una impresa di un' Aquila, che sollevando il volo alla cima di monte horrido, e nudo, ove ella hà posto il nido, con il motto scritto in una fascia, che per l'aria si ragira IN ARDVIS NIDVM SVVM ALTA PETIT, e prossima all' arme de' pontefici vi è questa seguente Iscrittione:

SVMM · PONTIF · QVI VEL AVENIONE SEDERVNT VEL
INTRA EIVS LEGATIONIS FINES ACCESSERVNT.

(Armes de différents papes, accompagnées d'inscriptions.)

« Sotto alla serie de' pontefici seguono le memorie de' Vicelegati principiando con la seguente iscrittione :

P·LEG·AVEN·QVI PRO SS·RR·PP·ET S·SEDE APLICA
ATQVE EMIN^MIS LEGATIS IIS ABSENTIBVS LEGATIO=
NI AVEN · SVMMA CVM POTESTATE PRAEFVERVNT
AN · M · D · XL ·

(Armes des légats, avec inscriptions.)

ANTICAMERA. « Vedesi nell' Anticamera sopra una delle porte l'arme di Clemente VIII, di marmo bianco con l'iscrittione, come all' incontro. »

(Armes de Clément VIII, avec inscriptions.)

« Sotto segue l'arme similmente in marmo del cardinal legato, e nel fregio della porta si legge, come all' incontro... »

(Armes, avec l'inscription : OCT. DE AQVAVIVA. CARD. LEG.)

« Nella medema stanza all' incontro della sudetta porta v'è un' altra porta simile con arme sopra parimente scolpita in marmo del cardinal Bagni, nel cui fregio sono intagliate le lettere poste all' incontro. »

(Armes du vice-légat Gio. Francesco « a Balneo ».)

« La sopradetta porta entra in una Capella dipinta di chiaro oscuro, nella sommità della cui volta si vede l'arme di Urbano VIII, ove celebrandosi la Messa, si ode nell' Anticamera per la porta, e nella sala per una fenestra, che vi rispondé per commodità della servitù. »

« Sopra l'accennata arme di Clemente VIII corre un fregio d'armi delli seguenti legati con le loro iscrittioni. » (Armes des légats avec inscriptions.)

CAPELLA PONTIFICIA [1]. « E la Capella del Palazzo di Avignone non inferiore di grandezza à quella del Quirinale, overo à quella del Vaticano. Vogliono, come dicevano quelle genti, esser stato il modello, e l'originale di queste di Roma ; vedesi pertanto conforme l'uso, e purità di quei secoli senza ornamento veruno di stucco, ó di pittura, che la possino rendere magnifica, ó riguardevole, solo l'arme dipinte di alcuni Pontefici moderni, che qui sono notati.

« Nel luogo più riguardevole della Cappella, ove è posto l'altare, sopra del quale vedesi in parte molto eminente l'arme dipinta del Pontefice Paolo V ; sotto la quale è collocata quella del cardinal Borghese, et dal lato destro del cardinal Philonardo, e dalla parte sinistra dell' altro cardinal Borghese ; à piè della Cappella nella più alta parte è collocata l'arme di Clemente ottavo, sotto di essa quella del cardinal nipote, e da un lato il cardinal Conti, dall' altro il cardinal Farnese in luogo più basso, e rappresentata in un panno l'arme di Sisto V ; e dalla parte destra quella del cardinal Carlo di Borbone, e dalla sinistra il cardinal nipote, e più sotto di monsig^r Petrucci. Sotto di questa vi è collocata l'arme di Pio V accompagnata ne' suoi debiti luoghi, del cardinale Carlo di Borbone con

[1] La chapelle haute, construite par Innocent VI, au-dessus de la salle du Consistoire.

quella del suo collega. Di questi doi cardinali parimente si vedono le loro armi nel paliotto dell' altare, dipinte nelle vetriate delle fenestre di questa Cappella, e parimente nella porta intagliate in legno l'arme del cardinal Philonardo, et posta sopra quella porta, che communica l'ingresso della Cappella alla sala, et alle altre camere. E sopra il fregio di essa porta si legge :

PHILIPPVS S. R. E. CARD. PHILONARD.

« Nell' uscir della Cappella per la porta principale si vede posta all' incontro della sala l'arme di marmo di Pio quinto, et d'ambo i lati mà in luogo più basso il cardinal Carlo di Borbone, e del suo collega con queste lettere di sotto intagliate in marmo :

CAR. CARD. LEG. GEOR. CAR. COLL. M. D. LX. IX.

« Nel discendere la scala si rappresenta alla vista in primo aspetto intagliata in marmo l'arme di mons^r Lascari con una iscrittione, ambo collocate in un' arco, che per maggior fortezza sostiene la volta di questa scala, et l'iscritt^e è tale :

ALEXANDRO VII. P. O. M. FELICITER. SEDENTE. Em^{mo} AC R^{mo} D. CARD. FLAVIO CHISIO EX FRATRE NEPOTE LEGATO.

Ill^{mvs} AC R^{mvs} D. GASPAR. DE LASCARIS PROLEGATVS SCALAM HANC COLLAPSO TEMPORVM INJVRIA FORNICE ANTIQVATAM IN PRISTINAM FORMAM ÆRE PROPRIO RESTITVIT [1]

CVRANTE AD PVBLICAM CVRIALIVM COMMODITATEM JOANNE CHECCONIO NOBILI SENENSI AVDITORE GNLI ANNO MDCLIX.

CAPPELLA INFERIORE [2]. « Nell' estremità della Scala eguale al pio delan cortile vi è l'ingresso all' inferior Cappella posta sotto alla superiore ; hà in mezzo di essa alcuni Pilastri, che da terra si sollevano a sostenere la volta, nella cui vedesi in una parte una picciola arme di pietra di Clemente sesto. Altro non si scorge tanto sopra, come d'intorno che le nude pietre prive d'ogni ornamento ; v' è solo, come in luogo più remoto nell' angolo à destra mano dell' entrata una devota imagine con un' altare recinto da cancellata di legno, dall' altra parte à sinistra vi è un luogo, dove si diffiniscono le liti ; sopra del tribunale è dipinta l'arme di Paolo V ; et del cardinal nipote assieme col cardinal Philonardo, e più sotto l'arme d'un prelato con tre monti, e una colomba in cima di essa ; all' incontro del Tribunale per ammonire li Giudici si legge la presente iscrittione :

VIDETE JVDICES QVID FACIATIS, NON ENIM HOMINIS EXERCETIS IVDICIVM, SED DOMINI ; QVODCVMQVE ENIM IVDICABITIS, IN VOS REDVNDABIT, SIT TIMOR DOMINI VOBISCVM, ET CVM DILIGENTIA CVNCTA FACITE, NON ENIM APVD DOMINVM DEVM NOSTRVM INIQVITAS, NEC PERSONARVM ACCEPTIO, NEC CVPIDO MVNERVM.

(Bibliothèque Chigi, G VIII, n° 224, ancien 135.)

[1] On trouvera une transcription plus exacte dans l'ouvrage de M. Canron, *Le Palais des Papes* ; Avignon, 1884, p. 40.

[2] La salle du Consistoire.

VIII

Les Remparts d'Avignon.

« Delle mura d'Avignone, che dal loro primo giro ampliate da Sommi Pontefici à quella grandezza, che al presente si vede, ne restano le memorie per quelli, che curiosamente vanno per il pomerio di esse osservando, si considera in primo luogo come più antica l'arme di Clemente VI, in quel tratto di muro voltato ad occidente, e fù la cima della Torre, che di molti angoli è formata l'una, e l'altra posti tra la Rupe, et il gran Ponte, che attraversa il Rodano. Quella d'Innocentio VI vedesi sopra la Torre all' incontro del medesimo Ponte ; si come anche replicata si scorge sopra il Torrione tondo non molto lontano da Porta della Rosa. Quindi continuandosi il giro col trapassare la Porta del Maglio prossima al fiumicello di Sorga, il quale sboccando da un foro delle mura attorno alle medesime per alquanto spatio, ricorre prima di unirsi col Rodano ; ma più oltre avanzandozi il curioso, vede posta sopra una Torre quadrata (da quella parte, che col restante del muro si volge à mezzo giorno) l'arme d'Innocentio VI, si come à Porta S. Florin la medema arme accompagnata dall' impresa della Città figurata con le trè chiavi, le quali parimente à Porta S. Michele si vedono. Il sudetto Innocentio VI come ne fanno fede altre varie memorie, fece fabricare la maggior parte delle mura ; poiche seguendo oltre Porta Imber, e Porta S. Lazzaro dalla parte di settentrione trapassato il muro di Clemente VII Antipapa, altre memorie de Pontefici non si scorgono che di Urbano V sopra una Torre quadra con l'arme sotto della Città reiterate sopra Porta della Legna. E qui compisce il giro delle Mura, rinnendosi alla Rupe, come sarebbe per similitudine una pietra posta in un cerchio d'anello. » (Fol. 2).

Armes de Clément VI. (Fol. 3.)
— d'Innocent VIII. (Fol. 4.)
— d'Innocent VI. (Fol. 5.)
— de Clément VII, antipape. (Fol. 6.)
— d'Urbain V. (Fol. 7.)

« Non molto lontano d'all' arme di Urbano V, termina il muro di Avignone ricongiungendosi alla Rupe, la quale si sporge in gran parte fuori della Città sollevandosi con la maggior altezza à linea perpendicolare dalla parte di tramontana su la ripa del Rodano, rimanendovi spatio conveniente da passar le carra e gli huomini. Questo sasso serve di fortezza col supplimento d'alcuni muri, che dalla parte meno dirupata lo rendono più forte. Vi sono state fabricate sopra due Chiese, una di Nostra Sig^{ra} con l'habitatione de' Canonici, l'altra di S. Anna, vi è l'Arcivescovato, e parimente de' molini à vento. Dalla parte poi di mezzogiorno, che dolcemente và declinando per ritrovare il piano della Città vi è la grande habitatione de' Pontefici recinti da forti mura, e di difesa all' uso di quei tempi, dalle cui cime turrite di smisurata altezza si vedono soggiaccre li più eminenti edificii della Città, il circuito delle mura, la gran riviera, et quanto è d'intorno à quella bella compagnia. » (Manuscrit Chigi, ff. 2-8.)

Clément VI

« Les remparts de la troisième enceinte d'Avignon, telle qu'on la voit de nos jours, sont l'ouvrage des papes...

« Clément VI, en ayant fait l'acquisition, en 1348, commença aussitôt à en bâtir les murailles auprès du palais épiscopal, et les poussa jusqu'à la partie du Rhône. On voit ses armes sur la première tour contre le rocher. » (Bibliothèque Calvet ; Fonds Massilian, t. I, fol. 180.)

« Clément VI mit le premier la main à l'œuvre en 1350, il fit bâtir la partie des remparts depuis le rocher jusqu'à la porte du Rhône. Cette partie portoit ses armes composées de six roses coupées par une bande. Une inscription dans un encadrement que les révolutionnaires ont fait bêttement (sic) racler, désignoit le jour où fut posée la première pierre.

« Clément VI auroit sans doute continué son entreprise, mais un événement fortuit l'obligea de discontinuer son ouvrage, pour occuper les ouvriers ailleurs. Une inondation survenue en 1351 renversa quatre arches du pont Saint-Benezet ; il les fit reconstruire. Ses armes furent apposées à ces quatre arches, ce qui a fait juger mal à propos à plusieurs que ce pape avoit fait construire le pont. » (Fransoy, Mémoires manuscrits ; Bibliothèque d'Avignon, t. I, fol. 22 et suiv.)

« Clément VI fit bâtir la porte du pont et la tour qui le couvroit. Roderic de Luna, neveu de l'antipape Benoit XIII, s'en empara en même temps qu'il s'y fortifioit dans le grand et le petit palais et dans la cathédrale, mais les troupes qui l'assiégeoient, emportèrent d'assaut et démolirent le mur du pont le 23 décembre 1410.

« La ville délibéra, le 15 aoust 1489, de le rebâtir, et on y mit les armes du pape Innocent VIII (Cibo), du cardinal Julien de Rovere, légat, et de la ville.

« Cette porte a été murée en..., lorsque le passage du pont n'a plus été praticable. » (Fonds Massilian, vol. I, fol. 182.)

Innocent VI

« Dictus etiam papa [Innocentius] suo tempore fecit claudi et circuiri totam civitatem Avinionensem muris ac turribus altis et fortissimis, ac fossatis seu vallibus ad extra. Ex quibus dicta civitas, quæ per prius erat omnino aperta, effecta est fortissima, et ad resistendum quibuscumque eam expugnare volentibus multum bene disposita et parata : voluitque quod clusura hujusmodi haberet magnum ambitum, ad hoc ut processu temporis infra ipsam possent fieri nova ædificia, ex quibus dicta Civitas ampliaretur, includerentur etiam infra eam multa viridaria et loca amœna circa ipsam tunc existentia, ac etiam hospitale miræ pulchritudinis, pro tunc noviter ibidem ædificatum et dotatum per Bernardum Rascasii legum doctorem, civem Avinionensem. » (Baluze, t. I, p. 342.)

« Fuitque etiam nova tallia indicta clericis Avinionensibus pro complendis muris civitatis. » (Baluze, t. I, p. 353.)

« Clément VI étant mort en 1352, Innocent VI... continua les remparts depuis la porte du Rhône jusqu'à la Sorgue, qui passe à coté des Prêcheurs et se dégorge dans le Rhône, au-dessous de la digue de pierre.

« La ville d'Avignon fit bâtir en même temps la portion des remparts depuis la Sorgue jusques à la porte Saint-Michel. Cette porte portoit les armes de la ville de distance en distance avec des inscriptions répétées dans des encadrements portant les mots *Ære publico*, que les révolutionnaires ont également fait râcler.

« Innocent VI fit bâtir la partie des remparts depuis la porte Saint-Michel jusqu'à celle de Saint-Lazare exclusivement. » (Fransoy, t. I, fol. 22 et suiv. Cf. Joudou, t. II, p. 37.)

« Sur le dedans de la porte de Saint-Michel sont les armes du pape Innocent VI.

« La porte Imbert sur laquelle sont les armes d'Innocent VI a été rebâtie en ... (*sic*).

« La porte de Saint-Lazare, sur laquelle sont les armes du pape Innocent VI prit ce nom de l'hôpital Saint-Lazare, qui en étoit voisin. » (Bibliothèque Calvet ; fonds Massilian, t. I, fol. 185-186.)

« Innocent VI..., négligeant la partie qui étoit couverte par le Rhône, les continua en 1356, depuis la tour dans l'angle qui est auprès de Notre-Dame des Miracles (les Minimes) jusqu'à la porte Saint-Lazare. Ses armes sont sur cette tour, qui depuis 17...., sert de magasin à poudre. On les voit aussi sur l'ancienne porte de Champfleuri ou Saint-Roch, et sur celles de Saint-Michel, de l'Imbert, et de Saint-Lazare.

« Ce pape mit en 1359 un impôt sur le clergé pour fournir aux frais de cet ouvrage [1] et en donna la direction à Ferdinand de Hérédia, qui fut ensuite grand maître de l'ordre de Saint-Jean de Jérusalem.

« Le V des cal. de février 1361, le pape Innocent VI donne pouvoir à Pierre Sicard, chanoine de Narbonne, qu'il a établi inspecteur de la construction des murs de la ville d'Avignon, d'exiger les sommes destinées pour la perfection de cet ouvrage.

« Le X des cal. de sept. il donne à Bernard Rascacii [2] « milit. Avenion. » et à Napoléon de Ponterlis, citoyen de Forli, la charge de veiller à la construction de ces murs et il ordonne à Jean Berni (?), archidiacre de Vannes, de leur faire fournir les sommes nécessaires pour cet ouvrage. » (Fonds Massilian, *loc. cit.*)

[1] « Martène, *Thesaurus Anecd.*, t. II, col. 869, 1049 et 1050.
[2] « Hoc tempore (vers 1355) fundatum fuit hospitale Sanctæ Trinitatis Avinionensis per dominum Bernardum Rascassi militem Avinionensem.. » (Bibliothèque Barberini, xxxviii, n° 71, fol. 12 v°.)

« On a dans les archives d'Avignon, l'édit par lequel le pontife met une imposition d'un florin sur chaque habitant, pour la construction des murailles ; on y a de plus les actes des prix faits donnés aux ouvriers par les consuls de la ville et les acquits que ces ouvriers leur faisaient. » (Teissier, t. II, p. 23.)

Urbain V

« La portion depuis la porte Saint-Michel jusques à la porte Imbert ayant été bâtie à la hâtte (sic) par Innocent VI, éprouva des revers par l'effet d'une inondation qui survint peu de temps après sa confection, on jugea nécessaire de la reconstruire.

« Le pape Urbain V et la ville la firent reconstruire en entier à moitié fraix. Cette partie portoit les armoiries de la ville ajumelée (sic) avec celles d'Urbain V, et une inscription *ad hoc* raclée par les révolutionnaires.

« Certains cardinaux firent bâtir quelques tours qui décorent ces remparts ; elles portoient les armes du cardinal payant, avec une inscription indicative. Ceux qui contribuèrent obtinrent le droit de vivier dans les fossés devant leur tour. Ces viviers étoient séparés par de gros murs en talus qui traversoient les fossés, qui pour lors étoient toujours remplis d'eau qu'on y mettoit à volonté par le moyen de la Sorgue de Vaucluse qui entre dans la ville à la piramide. Partie couloit du côté méridional devant les portes Imbert, Saint-Michel, Saint-Roch, et alloit se dégorger dans le Rhône par le pont au-dessous de la digue. Autre partie couloit du cotté du Levant et du Nord, passoit devant la porte Saint-Lazare et alloit se dégorger dans le Rhône par le pont de dégorgement entre la digue et Saint-Lazare.

« Ainsi furent construits dans le xive siècle et dans l'espace de dix-huit ans, sous trois papes, depuis 1350 jusqu'en 1368, les remparts qui ceignent aujourd'huy la ville d'Avignon... On trouve dans les archives de la ville les comptes de la bâtisse des remparts que dirigèrent sous Innocent VI, le comte Hérédia, Espagnol, et Pierre Obreri, architecte, sous Urbain V. Ces remparts soigneusement entretenus jusques à la Révolution française, ont éprouvé des dégâts sous ce règne de destruction...

« En 1792, les révolutionnaires d'Avignon démolirent le beau ravelin de la porte Saint-Lazare et les bastions angulaires. Cette porte, bâtie par Urbain V sur le modelle d'une des portes de Rome, étoit fort belle. Tout y étoit dans un ordre septenaire et simétrique, conformément au goût de ce pape. On y voyait le *plebiscitum* septenaire de Rome dans un encadrement orné de sculptures. *Plebiscitum* singulier en ce qu'il reconnoît bettement (sic) que le septième enfant mâle d'une femme mère sans femelles entre eux étoit un enfant merveilleux qui devoit opérer les plus grandes choses...

« On voyoit avant la Révolution deux croix, dont l'une près la porte Saint-Lazare, en face de la route de Carpentras, formée d'une colonne de marbre surmontée d'une croix [en] fer avoit été érigée par le pape. . . .

...., pour marquer le lieu jusques où le pape accompagna.... Roy de France, se retirant à Paris après sa visite au pape.

« L'autre, en forme de piramide posée peu après la porte Imbert, en face de l'ancienne route de Provence, érigée là pour marquer le lieu jusqu'où le pape et sa cour accompagnèrent l'empereur. » (Fransoy, t. I, fol. 22-25 v°.)

« Urbain V eut la satisfaction de finir les murailles de la ville, en les faisant continuer depuis le pont de la Sorgues au-dessous des Frères prêcheurs, jusqu'à la porte du Rhône, terme des ouvrages de Clément VI, et depuis la porte Saint-Lazare jusqu'au rocher, et en relevant la partie de ces mêmes murailles depuis la porte Saint-Michel jusqu'à celle [de] Limbert, que le débordement des eaux du Rhône et de la Durence avoient fait écrouler. » (Teissier, t. II, p. 27.)

« Le pape Urbain V fit construire les remparts depuis la porte Saint-Lazare inclusivement jusqu'au rocher, c'est la plus belle partie. » (Fransoy, *loc. cit.*). Le pape Urbain V fit faire le ravelin de cette porte (S. Lazare). On y lit ces mots : *clav... Petri tuta* ». (Fonds Massilian, t. I, fol. 186.)

« Urbain V, au commencement de son pontificat [1362], reprit l'ouvrage où son prédécesseur l'avait laissé, refit le ravelin de cette porte de Saint-Lazare et continua le rempart jusqu'à la roche des Doms. Ses armes sont sur l'ancienne porte de la Ligne et en plusieurs endroits de cette partie des murailles. Il refit celles qu'Innocent VI avait élevé à la hâte entre les portes de Saint-Michel et d'Imbert, et bâtit la partie qui est depuis la tour des Miracles jusqu'à la Sorguette, avant le jardin des Frères prêcheurs. »

1365, 5 mai. « Acte d'acquit de mille florins d'or levés et receus par Jean Textoris dans les paroisses de Saint-Pierre et de Saint-Simphorien, pour prêt pour aider à faire les murailles de la ville. » (Archives de la ville, boîte 22, n° 5 E.) — (Fonds Massilian, t. I, fol. 180.)

« Dans un acte de 1372 [21 avril] receu par Pierre Caussanicis (?), notaire d'Avignon, pour un prix fait donné par M**r**. Jean de Regis et M**re**. Bertrand de Manso, sacristain de Saint-Didier, directeurs de l'ouvrage des murailles de la ville à Jordan Ami [de Villeneuve] pour refaire un pan de muraille du côté des Dominiquains, « juxta hortum Fratrum prædicato-
« rum inter turrim S**ti** Joannis existentem supra aquam Sorgiæ et unum
« pannum receptum per magistrum Raymundum de Montilis juxta domum
« domini cardinalis Morinensis » : on voit que ledit a cédé deux tiers de ce pan de muraille à faire à d'autres, et ne s'en est retenu qu'un tiers, scavoir 40 cannes, par où il paroit que le total de la muraille étoit de 120 cannes. Le prix de la canne quarrée de gros mur, « latitudinis sex palmorum, » étoit de 6 florins et 5 gros et chaque canne quarrée de mur de buget (?) étoit de 3 fl. et 3 gros. Le dit Jordan déclare avoir reçu à-compte des dits directeurs « xxviii francos auri valentes « florenos auri, quem libet xxiv solidos. » — (Répert. de 1416, n° xlvii. Arch. de la ville ; boîte 22, n° 12 M. — Bibl. Calvet, Fonds Massilian, n° 1, fol. 181.)

4

TABLE DES MATIÈRES

	Pages.
I. LES SOURCES ÉCRITES.	1
II. LES PLANS OU VUES DU PALAIS DES PAPES.	9
APPENDICE. I. Guillaume d'Avignon, architecte d'un pont sur l'Elbe, en 1333.	18
II. Regestes de la construction du Palais d'Avignon et des principales fondations pontificales contemporaines	17
Benoît XII	19
Clément VI	23
Innocent VI	29
Urbain V	31
Grégoire XI	35
Benoît XIII	35
III. Les noms des Tours du Palais d'Avignon d'après l'inventaire d'Urbain V	35
IV. Le Palais d'Avignon, d'après le *Labyrinthe royal*	37
V. Le Palais d'Avignon, d'après Jodocus Sincerus.	38
VI. Notice de J.-M de Suarès sur Pierre Obreri	39
VII. Le Palais d'Avignon au xviie siècle, d'après le manuscrit Chigi	40
VIII. Les Remparts d'Avignon.	45

ANGERS, IMPRIMERIE A. BURDIN ET Cie, RUE GARNIER, 4.

www.ingramcontent.com/pod-product-compliance
Lightning Source LLC
Chambersburg PA
CBHW071201240526
45470CB00017B/924